PETIT GUIDE DE SURVIE
DANS LA CULTURE GÉNÉRALE

Attachez bien votre ceinture !

5-7, rue de l'École-Polytechnique – 75005 Paris

www.editions-harmattan.fr

ISBN : 978-2-343-17853-0
EAN : 9782343178530

MARC FRUSTIÉ

PETIT GUIDE DE SURVIE DANS LA CULTURE GÉNÉRALE

Attachez bien votre ceinture !

À Margot et Julia.

SOMMAIRE

A
1€

PROLOGUE

Nous étions assis à l'une des tables de la belle bibliothèque de la rue Saint Guillaume où j'allais passer quelques années merveilleuses. J'arrivais de province, nous étions en 1975, autant dire au Moyen Âge pour mes enfants, et je n'avais jamais entendu parler des fameuses tragédies grecques et encore moins du « fatum » grec ! Mon ignorance laissait pantois un de mes amis de Sciences Po et déclencha les moqueries de mes camarades.

À quoi tient la rédaction d'un livre ? L'épisode m'a marqué.

Quelques décennies plus tard - au siècle suivant ! - j'ai écrit ce petit « guide de survie dans la culture générale » pour mes filles, Margot et Julia, afin qu'elles soient mieux armées que leur papa à l'orée de leurs études supérieures. Avec l'espoir que ce livre puisse être utile à d'autres. Puisse ce petit livre contribuer à mettre le pied à l'étrier aux jeunes qui n'ont pas eu la chance de grandir dans un environnement culturel et favoriser ainsi l'ascenseur social.

Mais revenons aux années soixante-dix. J'avais pris une petite revanche amicale, quelques mois plus tard, en observant que certains de mes camarades s'étaient dispersés dans les nombreux et épais livres de droit qui peuplaient les murs de la bibliothèque. J'avais obtenu de meilleurs résultats en apprenant par cœur quelques textes fondateurs et les deux cents pages d'un petit manuel de droit, le « petit Laubadère », du nom d'un professeur célèbre.

Ainsi est née l'idée de tenter d'écrire un « petit Laubadère » de la culture générale… qu'on n'est pas obligé d'apprendre par cœur, même si le par cœur revient à la mode !

Cette idée a été renforcée par une observation : la vie m'a appris que les livres et les interventions des hommes politiques, des intellectuels, des journalistes, des grands chefs d'entreprises, des représentants des religions, sont émaillés de références à un nombre relativement limité de textes et de connaissances. Aussi devrait-il être possible de livrer dans un petit livre, les clés d'entrée dans la culture commune. Combien de nos adolescents savent que la totalité des célèbres tragédies grecques tient dans quatre livres de poche ? Le but de ce livre n'est pas de faire un ouvrage d'érudition, par nature infinie, mais de donner des clés d'accès. C'est un guide des premiers pas. Plus tôt ces clés seront connues et plus facile et rapide sera la constitution d'une solide culture générale.

La culture générale est un critère de sélection dans les grands concours français. C'est une réalité. Plus tard dans la vie professionnelle, elle donne une aisance irremplaçable qui permet de mettre en perspective et d'éclairer beaucoup de situations. Elle permet de créer des liens entre des évènements, des textes, des œuvres d'art. C'est une source de confiance et de construction du jugement. À ma connaissance, la culture générale n'est pourtant pas une matière d'enseignement, même à Sciences Po. Il faut dire que le sujet est difficile à circonscrire !

Le président Emmanuel Macron, les chefs d'entreprise Patrick Pouyanné pour Total et Bernard Arnault pour LVMH, les écrivains Michel Houellebecq et Régis Debray, les conseillers Alain Minc et Jacques Attali, l'éditorialiste Jacques Julliard, l'évêque aux armées Antoine de Romanet, l'universitaire Luc Ferry, les scientifiques Carlo Rovelli et Trinh Xuan Thuan, sont des hommes influents aux parcours variés. Ils ont en commun d'être diplômés des meilleures écoles ou universités et de partager ce socle de culture générale.

Ainsi la culture générale est déterminante dans la réussite à un certain niveau et, bonne nouvelle, elle est fondée sur un socle accessible de connaissances.

La culture française est, c'est assez naturel, dominée par des références liées à l'histoire occidentale. Ainsi est-il incontournable en France de connaitre certains textes de la Bible, *La Genèse, L'Exode, L'Ecclésiaste,* ou ceux de la mythologie grecque, l'*Iliade et* l'*Odyssée* par exemple, ainsi que la *Déclaration des droits de l'homme et du citoyen* de 1789, alors que la connaissance du Coran, de Confucius ou de l'hindouisme relèvent, à tort ou à raison, plutôt de l'érudition ou d'une spécialisation.

La culture française accorde une place particulière à la littérature et à l'art, mais les grands enjeux des sciences font aussi partie du socle de la culture et de plus en plus, compte tenu du poids de la science dans le monde moderne. Et il en va de même de la « culture d'entreprise », un mot qui recouvre des réalités un peu vagues, mais des réalités néanmoins, qu'il faut aujourd'hui connaître : le XXIe siècle s'annonce comme le siècle des l'entrepreneurs.

D'une certaine manière, la culture générale, c'est le roman de l'histoire de la pensée, née mystérieusement avec l'homo sapiens, il y a quelques centaines de milliers d'années. La culture générale n'est pas un pensum mais une passion, un plaisir de la découverte jamais épuisé. Elle donne accès à l'histoire des idées et des représentations du monde, si importantes qui conditionnent, souvent à notre insu, l'action et les choix de nos sociétés.

Ainsi, le chiffre zéro, si important dans l'évolution de la science n'a été créé que tardivement car il n'était pas compatible avec les représentations du monde grec ancien, pourtant inventeur du rationalisme. Au XVe siècle, l'empereur de Chine qui donna à l'amiral Zheng He la mission de prestige d'explorer l'océan indien avec une flotte bien supérieure aux flottes européennes de l'époque, interrompit ces voyages qui semblaient inutiles à l'empereur dans sa représentation de l'Empire du Milieu. Les choix économiques libéraux dominants depuis 1980 sont largement issus de représentations élaborées par les économistes classiques entre 1750 et 1850 dont une prémisse est que les comportements sont dictés par les intérêts de chacun plus que par les idées.

Nos sociétés bougent pour le meilleur ou pour le pire, avec des histoires, des idées et des représentations du monde. Connaitre et comprendre ces histoires et leur impact est un premier pas vers la sagesse. Et dans un monde complexe qui évolue vite, quelques solides points d'appuis sont plus que jamais nécessaires. La culture générale ne suffit pas cependant à assurer la qualité du jugement. Les grands intellectuels cultivés qui se sont fourvoyés dans des causes discutables sont légion. C'est une leçon de modestie qui vaut aussi pour la culture !

À l'annonce de mon intention d'écrire un livre sur la culture générale, mes filles m'ont spontanément proposé deux titres : « Guide de survie » et « Attachez-vous bien la ceinture ! », qui suggèrent l'utilité de la tâche mais aussi la crainte du pensum de lecture inévitablement imposé par papa ! Certains chapitres, comme la nouvelle vision du monde proposée la physique moderne, pourraient en effet rebuter. Niels Bohr, un des inventeurs de la théorie quantique, ne disait-il pas « si vous prétendez avoir compris la théorie des quanta, c'est que vous ne l'avez pas comprise » ?

Fidèle à l'objectif limité de ce petit livre, j'ai tenté de rester simple sans sacrifier la précision, une exigence de la culture. Envolons-nous donc, ceinture bien attachée et pénétrons dans la jungle culturelle, constituée ici d'une vingtaine de lianes, regroupées en sept chapitres. Les idées générales, les plus importantes comme souvent, sont présentées en introduction des chapitres. Peut-être la culture est-elle l'aptitude à nouer ces lianes, à créer des liens entre ces quelques thèmes, à jeter des ponts entre les connaissances pour être capable, face aux questions de la vie et du monde, de raconter une histoire, de la partager et de la mettre en perspective.

Un dernier mot : j'ai beaucoup emprunté à quelques livres lumineux cités en fin de chaque chapitre. Ils constituent une petite anthologie de culture générale, qui vaut ce qu'elle vaut, et certainement pas plus, comme aurait dit Jean d'Ormesson, un maître en la matière.

CHAPITRE PREMIER

LES TROIS PILIERS CLASSIQUES DE LA CULTURE OCCIDENTALE

L'affirmation est devenue rebattue : la pensée occidentale s'est constituée à partir de trois influences qui ont traversé les siècles, le « miracle grec », le « miracle juif » et la révolution chrétienne. Je l'ai compris assez tardivement, en lisant un livre de Jean Guitton, alors que j'avais déjà terminé mes études. Il me semble pourtant que c'est la première clé d'entrée dans la culture occidentale.

Aussi, si on ne doit lire qu'un seul chapitre de ce livre, c'est sans doute celui-ci car ces trois traditions, grecque, juive et chrétienne, partiellement contradictoires ou conflictuelles, ont influencé presque tout en occident : la philosophie, l'art, les idées politiques, la science, les Lumières, les démocraties libérales et les droits de l'homme. Que nous le voulions ou non, comme Tintin, elles nous ont laissé, de sept à soixante-dix-sept ans, des images, des rêves et des idées : qui ne connait Ulysse et Pénélope, Adam et Ève, Marie et Joseph, pour ne prendre que ces trois couples ? Ils ont nourri notre imaginaire d'enfant occidental et nous avons découvert, en grandissant, qu'ils posent des questions intemporelles.

Plantons le décor :

Le miracle grec, c'est au Ve siècle av. J.-C., l'usage systématique de la raison pour comprendre le monde et la place de l'homme dans l'univers. Les grecs ont presque tout inventé. Ils ont en tout cas, en quelques décennies, posé les grandes questions. Nous leur devons la naissance de la philosophie, de la démocratie et de l'esprit scientifique, qui débouchera deux mille ans plus tard, à partir de la Renaissance sur la science expérimentale. Ils ont eu l'intuition que les mathématiques étaient la clé de la compréhension de l'univers.

Le miracle juif, c'est vers le milieu du premier millénaire av. J.-C., donc à peu près au même moment que le miracle grec, l'invention du monothéisme et du sens de l'histoire. La Bible hébraïque, qui est l'Ancien Testament des Chrétiens, débute par le livre de *La Genèse*, la création du monde par un Dieu tout puissant. Là où les grecs concevaient un cosmos immuable, divin et rationnel, harmonieux et juste, sans créateur, la Bible hébraïque propose une histoire du monde avec un début et une fin, qui ouvre la voie à la notion de progrès qui sera si importante dans la culture occidentale. Dans la Bible on ne trouve pas de concept, comme dans la philosophie grecque, mais des pensées profondes contées sous forme de récits.

Le christianisme, issu du judaïsme, porte un message révolutionnaire. Cette affirmation peut surprendre quand le catholicisme est de nos jours rangé dans le camp conservateur. La crucifixion du Christ, sa résurrection et ses paraboles portent pourtant l'idée d'égalité : chaque être humain est aimé par Dieu, mérite l'amour et le respect. Il y a un salut après la mort qui dépend du comportement de chacun et de la foi. Le christianisme est « scandale pour les Juifs, folie pour les Grecs », écrit saint Paul.

Les grecs avaient sans attendre le christianisme placé l'homme au centre de leur réflexion et la Bible hébraïque avait déjà écrit « tu aimeras ton prochain comme toi-même ». Le christianisme va plus loin : à une époque où la vie humaine ne vaut pas grand-chose, où la société est peuplée d'esclaves, il délivre avec saint Paul encore, un message provocant : « il n'y a plus ni Juif ni Grec, il n'y a plus ni esclave ni homme libre, il n'y a plus ni homme ni femme ». Il porte peut-être pour la première fois, un message universel. Il remet en cause la peine de mort, qui n'est contestée ni par les grecs, ni par les juifs et encore moins par les romains.

Les réalisations ne seront bien sûr pas toujours à la hauteur des principes. Et il faudra des siècles pour réconcilier la raison grecque d'Aristote avec la foi judéo chrétienne. Ce sera l'œuvre de saint Augustin au

Ve siècle, de saint Thomas d'Aquin au XIIIe siècle pour les catholiques et de Maïmonide pour les juifs au XIIe siècle. La philosophie des Lumières du XVIIIe siècle sera anticléricale. « Ecrasons l'infâme » écrivait Voltaire contre l'obscurantisme religieux. Pourtant, les Lumières sont les héritières de cet humanisme chrétien, de la raison d'Athènes, de l'idée de progrès de Jérusalem.

1. Le miracle grec

Athènes au Ve siècle avant Jésus-Christ a dû être quelque chose d'extraordinaire. Faites l'expérience : ouvrez un livre publié récemment sur un sujet général. Les grecs de l'antiquité sont presque systématiquement cités.
À Athènes au Ve siècle, pour la première fois probablement, les grandes questions humaines furent abordées avec méthode, sous l'angle de la raison. Une floraison de génies réfléchit à la condition humaine et à la marche de l'univers en ayant recours aux mathématiques, à la science, à la philosophie, à l'histoire, à la politique, à la médecine, toutes disciplines que fondent les grecs ou peu s'en faut.
Ce siècle de Périclès, du nom du grand homme politique d'Athènes (v.495-429 av. J.-C.), est, comme le sont souvent les grandes périodes intellectuelles, un sommet classique, artistique et littéraire. La sculpture et l'architecture grecques, les tragédies grecques qui furent écrites en quatre-vingts ans inspirent encore l'art et la littérature modernes. Sans renier la fameuse mythologie grecque dont ils étaient fiers, les grecs surent élaborer une vision du monde qui nous influence encore.
Les grecs n'étaient pas seuls, cependant, à cette époque, à réfléchir et à poser les bases de la sagesse. Dans les années 500 et 400 av. J.-C. des hommes qui ne se connaissaient pas mais qui étaient à peu près contemporains, les juifs avec la Bible hébraïque, les chinois avec Confucius et Lao-Tseu, les indiens avec Bouddha établirent sur différents continents les grandes religions et les sagesses qui inspirent encore l'humanité. Ce fut une période de créativité. Le christianisme et l'islam, plus tardifs, sont issus du monothéisme de la Bible hébraïque. L'hindouisme est antérieur, les quatre védas ayant été composés entre 1500 et 600 av. J.-C.
Dans cette naissance de l'humanité moderne, la Grèce du Ve siècle av. J.-C. fut un sommet. En quelques décennies, on invente la

démocratie et le débat public, on formalise la sagesse antique (Socrate meurt en 399 av. J.-C.), on écrit les premières tragédies, on réfléchit à l'histoire, avec Hérodote (v. 484-425 av. J.-C.) et Thucydide (v. 465-395 av. J.-C.), auteur de la célèbre *Guerre du Péloponnèse.* En médecine Hippocrate (v.460-370 av. J.-C.) auteur du fameux « serment », écrit : « d'abord ne pas nuire ». On construit le Parthénon sur l'Acropole d'Athènes en respectant des principes géométriques d'harmonie, on sculpte le corps humain avec un regard nouveau que rien n'arrêtera plus : l'imitation de la nature et l'idéalisation.

Le cheminement grec couvre, bien sûr, plus que le siècle de Périclès. Le miracle grec débute dans les années 600 av. J.-C. et se prolonge jusqu'à Alexandre, le grand conquérant macédonien qui entre autres actions, trancha le Nœud gordien. Alexandre eut pour précepteur le grand philosophe grec Aristote, maître du rationnel, ce qui n'est pas anodin. Aristote a-t-il secrètement souhaité que son élève Alexandre répandît la culture grecque dans tout le Moyen-Orient jusqu'aux portes de l'Inde ? C'est en tout cas ce qui s'est produit.

La mort d'Alexandre en 323 av. J.-C., un an après celle d'Aristote, marque conventionnellement la fin de l'époque hellénique classique et le début de l'ère hellénistique. Les généraux d'Alexandre, qui sont d'origine grecque ou macédonienne se partagent l'empire et fondent des monarchies hellénistiques, les Lagides en Egypte, les Séleucides de la Syrie à l'Iran actuel. Cléopâtre qui se suicide dans la ville d'Alexandrie, fondée par Alexandre, est ainsi la descendante d'un général macédonien d'Alexandre, Ptolémée fils de Lagos, d'où le nom Lagides. Sa culture est grecque et elle n'est pas la petite fille des pharaons.

Jouez à « questions pour un champion » avec des adolescents. Ils auront du mal à citer spontanément les grands noms grecs, hors ceux de la mythologie. Mais Thales, Pythagore, Euclide et Archimède pour les mathématiques, Socrate, Platon et Aristote pour la philosophie, Homère pour la littérature ne leur sont pas inconnus. Allons à leur rencontre.

Les grands mathématiciens qui se succèdent en quatre siècles donnent une idée du cheminement grec. Thalès (625-547 av. J.-C.) est né à Millet dans la Turquie d'aujourd'hui. Il est le premier grand mathématicien grec. « Il ose parler d'un cercle sans préciser lequel, là où jusqu'ici on aurait donné un exemple » écrit Mickael Launay, dans *Le Roman des Maths*. Les théorèmes grecs énoncent une vérité mathématique formulée de la manière la plus générale possible et s'accompagnent d'une démonstration. Pythagore (vers 580-495 av. J.-C.), donne son nom au plus célèbre des théorèmes, qui est aussi le théorème qui a le plus de démonstrations. Euclide, né vers 300 av. J.-C. est l'auteur des *Éléments de mathématiques*, le texte fondateur de la géométrie « euclidienne » qui reste enseignée dans la plupart des pays. Archimède de Syracuse (v. 287-212 av. J.-C.) est postérieur à Euclide. On lui doit notamment les premières grandes avancées sur le nombre Pi.

L'importance accordée aux mathématiques et particulièrement à la géométrie, qui permet de mesurer le monde, témoigne de l'extraordinaire curiosité grecque : « Que nul n'entre ici s'il n'est géomètre » dit la devise de l'Académie de Platon (v. 428-348 av. JC.). Jamais au cours des sept siècles qui suivront Archimède, l'Empire romain ne généra un mathématicien de la dimension d'Archimède. Il n'est pas anodin que la représentation du monde d'Einstein au XXe siècle soit une représentation géométrique, le fameux espace-temps qui explique la gravité. Les mathématiques selon l'intuition des grecs sont peut-être la clé de l'univers, ce qu'Einstein a reformulé vingt-cinq siècles plus tard dans un commentaire célèbre : « ce qu'il y a de plus incompréhensible dans le monde c'est qu'il soit compréhensible ». Les grecs ont conscience avec les mathématiques d'énoncer des lois universelles.

Tempérons notre enthousiasme : il ne reste pas grand-chose aujourd'hui des apports scientifiques grecs en dehors des mathématiques, même si les grecs ont eu de géniales intuitions, telles les particules élémentaires, qu'ils appelaient atomes.

La philosophie illustre avec les mathématiques, la rupture de la Grèce antique. Les philosophes grecs effectuent un effort rationnel inédit pour comprendre l'univers et la condition humaine. Cinq immenses philosophes, Héraclite et Parménide, puis Socrate, Platon et Aristote, se succèdent en un siècle et demi et restent les références pour la philosophie universelle. Karl Marx a écrit sa thèse de doctorat sur le philosophe grec Démocrite !
L'essentiel de ce qui suit est emprunté à Jeanne Hersch et à son petit manuel « *L'Étonnement philosophique* », lumineux et précis.
Au début du Ve siècle av. J.-C., Parménide et Héraclite sont adversaires. Parménide est né dans la cité grecque d'Élée en Italie et Héraclite, son contemporain vit le jour à Éphèse, dans la Turquie d'aujourd'hui. Ils s'imposent dans l'histoire de la philosophie comme deux pôles auxquels on n'a jamais cessé de se référer. « Parménide et Héraclite ont posé le problème du changement et de la durée, de l'un et du multiple, de l'éphémère et du permanent ». Ils ont créé deux traditions : Spinoza au XVIIe siècle est nettement « éléate » (Parménide) tandis que Hegel au XIXe siècle est « ionien » (Héraclite).
La pensée d'Héraclite se développe à partir du monde qu'il a sous les yeux et des données accessibles aux sens. Héraclite met l'accent sur le changement, le multiple, les contraires, le combat et l'écoulement. Pour lui, c'est la tension entre les contraires qui engendre la réalité. « Tout coule. On ne se baigne pas deux fois dans le même fleuve ». Le réel est un combat, un devenir.
Parménide part à l'inverse des exigences de la logique plutôt que de l'expérience sensible. Il pose avec force le principe d'identité. « L'Être est, le non Être n'est pas » sinon ce serait une contradiction.
Immédiatement après Parménide et Héraclite, surgissent dans la seconde moitié du Ve siècle Socrate, puis Platon et Aristote. Nous connaissons Socrate par son disciple Platon qui le fait parler dans ses dialogues. Socrate (470-399 av. J.-C.) est mort condamné à être empoisonné à la ciguë à l'âge de soixante-dix ans. Comme plus tard Jésus et Mahomet, il n'a pas écrit. « Pourtant Socrate est le philosophe

qui a exercé la plus forte influence au cours des siècles. La question principale posée par Socrate fut « comment faut-il vivre pour vivre selon le bien ? ». C'est une différence radicale avec les philosophes précédents : la recherche n'est plus dirigée vers l'explication du monde mais vers l'homme qui se cherche. La démarche de Socrate repose sur une confiance en l'homme. Le mal provient de l'ignorance. Le vrai existe en chaque homme ». Socrate ne délivre pas un savoir. Il nous invite à penser par nous-mêmes.

Platon (427-347 av. J.-C.), le disciple de Socrate, crée l'idéalisme, un des grands courants de la pensée philosophique occidentale. La puissance de la pensée de Platon, exprimée sous forme de dialogues, n'a cessé d'impressionner. Avec le mythe de la caverne, Platon décrit un être humain qui ne voit sur le mur de la caverne qu'un reflet de la vraie réalité.

« Platon reprend la question posée par l'École de Millet (avant Parménide et Héraclite) : qu'y a-t-il donc de permanent ? Réponse de Platon, ce sont les Idées. Que sont ces idées ? Elles sont la vraie réalité. Au niveau du monde, tout est éphémère. Les Idées auxquelles les choses du monde doivent leur existence sont éternelles, simples, absolues. Deux triangles dessinés ne seront jamais égaux. En revanche nous pouvons penser des triangles égaux. L'absolu ne nous est pas donné dans l'expérience. Platon veut montrer que notre pensée implique un niveau qui ne vient pas de l'expérience. D'où vient alors notre connaissance des Idées ? Platon parle de réminiscence. Au « je sais que je ne sais rien » de Socrate, Platon dit, je sais que j'ai oublié, je vais me souvenir de ces Idées sans lesquelles il n'y a pas de vraie connaissance. L'homme se tient entre deux, entre le monde sensible et le monde des Idées. Pour Platon l'essentiel est l'éducation. »

Aristote (384-322 av. J.-C., maitre de la pensée rationnelle, est un homme du IVe siècle. Disciple de Platon, il fonde sa propre école, le Lycée, quand Platon avait fondé l'Académie. Platon et Aristote incarnent, comme Parménide et Héraclite, deux pôles philosophiques : les Idées de Platon opposées au monde de l'expérience accessible aux sens d'Aristote. « Ce va et vient est caractéristique du développement

de l'occident » écrit Jeanne Hersch. L'*École d'Athènes*, célèbre tableau exposé au Vatican, peint par Raphaël au XVIe siècle, montre Platon le doigt pointé vers le ciel tandis qu'Aristote désigne la terre. « Il n'y a rien dans notre intelligence qui ne soit passé par nos sens » dit Aristote.
Il unifie le savoir de son temps dans une synthèse philosophique dont l'influence fut immense et durable. Sa pensée rationnelle entra en conflit avec la foi chrétienne jusqu'à saint Thomas d'Aquin (1224-1274) un dominicain contemporain du roi Saint Louis, qui réconcilia la raison d'Aristote et la foi chrétienne, après saint Augustin, témoin de la disparition de l'Empire romain qui au Ve siècle avait concilié la pensée de Platon et le christianisme. Au XIIe siècle, Averroès tentera à Cordoue la synthèse d'Aristote avec l'islam. Aujourd'hui encore, les musulmans chiites d'Iran célèbrent Aristote sur une plaque à la porte de leur Ambassade, rue d'Iéna à Paris. Maïmonide, le contemporain juif d'Averroès, de Cordoue également et qui écrivait en arabe, avait fait de même avec la Bible.
« Si Platon s'est inspiré d'un modèle, c'est celui des mathématiques, avec leur immuable perfection. Le modèle de la pensée aristotélicienne est plutôt celui de la biologie, où règnent le désir et la finalité. Un désir éternel anime la nature. La pensée d'Aristote est le fruit d'une extrême tension entre sa passion pour les réalités et son exigence philosophique pour connaitre les causes premières ».
Pour les grecs il n'y a pas de créateur. Ils ne se posent pas la question du commencement du monde. Pour Aristote, « l'homme doit trouver sa juste place dans l'univers. Sa vertu ne doit pas viser l'absolu mais la mesure. Cette juste place n'est jamais un extrême. Aristote admirait la tragédie grecque qui dénonce la démesure des hommes, « l'hybris ». En poussant les conséquences de cette démesure, la tragédie ramène les hommes à leur juste mesure et à l'humilité ».
La sagesse grecque inspire la philosophie stoïcienne des romains (Sénèque, Épictète, Marc Aurèle) où l'homme doit trouver sa juste place dans le cosmos, vivre en harmonie avec lui. La représentation stoïcienne hiérarchique du cosmos dicte la morale et la vie juste : « ne vous attachez pas, car vous serez malheureux ». Cette morale est

curieusement proche de la sagesse bouddhiste. Les idées circulaient-elles déjà plus que nous l'imaginons ou bien des hommes éloignés par la géographie sont-ils arrivés au même moment aux mêmes conclusions ?

La mythologie et les tragédies grecques

Terminons ce voyage en Grèce par la littérature. La mythologie, puis plus tard les tragédies grecques « forment un univers spirituel, intellectuel et moral d'une extraordinaire cohérence » écrit Luc Ferry dans le Figaro du 21 mars 2017. La mythologie et les tragédies grecques ont en commun de poser les grandes questions humaines à l'occasion d'histoires qui nous touchent et de héros dont les noms sont connus de tous.

L'*Iliade* et l'*Odyssée* est peut-être le premier monument de la littérature mondiale. Homère, l'auteur présumé, vit à la fin du VIIIe siècle av. J.-C. donc bien avant le siècle de Périclès. L'*Iliade,* comme l'*Odyssée* sont chacun des poèmes de vingt-quatre chants. Derrière la mythologie, la condition humaine est déjà au cœur de l'épopée.

Presque tout ce que nous savons de la guerre de Troie vient de l'*Iliade* qui raconte quelques jours de cette guerre de dix ans, qui se serait déroulée vers 1200 av. J.-C. Le héros Achille incarne la morale héroïque de l'honneur. Il tue le chef troyen Hector en combat singulier sous le regard des Dieux qui interviennent et prennent parti. Les héros Agamemnon le roi de Mycènes, chef des achéens (les grecs), son épouse Clytemnestre, Patrocle l'ami d'Achille tué par le troyen Hector, Paris le frère d'Hector qui a enlevé Hélène, l'épouse du grec Ménélas, marchent vers leur destin.

Jacqueline de Romilly a souligné l'originalité de l'*Iliade* sans équivalent dans la littérature ancienne : Homère, un grec, nous émeut avec la tendresse conjugale d'Hector et Andromaque, des ennemis troyens, dont il fait en quelques mots, le premier couple parfait de la littérature, bien éloigné des désordres conjugaux grecs. « Silence et sourire d'Hector, larmes d'Andromaque. Image admirable » écrit Racine vingt-cinq siècles plus tard en évoquant les adieux d'Hector et Andromaque.

L'*Odyssée* décrit le retour d'Ulysse de la guerre de Troie, un voyage de dix ans. Les épisodes de l'*Odyssée* peuplent notre imaginaire occidental : les monstres Cyclopes dotés d'un œil au milieu du front, la grâce de Nausicaa, la jolie nymphe Calypso qui tente de garder Ulysse en lui promettant l'immortalité, Pénélope la fidèle épouse d'Ulysse qui détricote la nuit son ouvrage du jour pour éloigner les prétendants. La route imaginaire d'Ulysse, son parcours de dix années avant de retrouver sa femme Pénélope, décrivent les défis de tout homme pour se construire.

Ulysse fait des choix, pas toujours bons, mais il surmonte les obstacles. Ses choix sont ceux de la sagesse grecque, de ce qui fait la grandeur de l'homme pour les grecs : être profondément humain, rester à sa place dans l'univers, refuser l'hybris, la démesure, faire face avec courage. La vie, l'amour, la fidélité, la féminité, la famille, l'héroïsme, l'amitié, la construction de la personnalité dans l'adversité, tous ces thèmes sont suggérés par le poème.

Les héros de la mythologie grecque ne figurent pas tous, loin s'en faut, dans l'*Iliade* et l'*Odyssée*. La *Théogonie* d'Hésiode, un poème daté du VIe siècle av. J.-C. raconte la naissance des dieux et la prise de pouvoir de Zeus. Les fables d'Esope inspireront La Fontaine. Prométhée et la boite de Pandore, Thésée et le Minotaure, Héraclès et ses douze travaux, Persée et la Gorgone Méduse, Jason et la Toison d'or, Œdipe et sa fille Antigone, Orphée et Eurydice n'ont cessé d'inspirer l'occident.

Mais venons-en aux fameuses tragédies.

Les tragédies d'Eschyle, de Sophocle et d'Euripide sont l'autre contribution des grecs à la littérature. Les grecs ont inventé le genre tragique qui se nourrit des personnages de la mythologie. Luc Ferry dit que les tragédies grecques sont le sommet de la mythologie grecque. Jacqueline de Romilly, décédée en 2010, qui a consacré sa vie à la Grèce antique écrit que la tragédie grecque fut « une explosion soudaine, brève, éblouissante avec sa moisson de chefs-d'œuvre qui dura en tout quatre-vingts ans ». Une trentaine de tragédies, écrites par ces trois auteurs, nous sont parvenues.

Il faut les lire. Les tragédies d'Eschyle, de Sophocle et d'Euripide tiennent dans quatre livres de poche. Elles ont inspiré la littérature et le théâtre français, de Racine au XVIIe siècle (*Andromaque, Phèdre, Iphigénie*) à Anouilh (*Antigone*) et Giraudoux (*La guerre de Troie n'aura pas lieu*) au XXe siècle.
L'homme y subit son destin, décidé par les dieux, le fameux « fatum » de mon camarade moqueur à Sciences Po, mais le héros fait face, en homme digne et humain. Le succès de la tragédie grecque vient de ce message paradoxalement positif, celui de la grandeur de l'homme et de sa dimension morale et sage malgré un destin imposé par les dieux. Les héros de la tragédie grecque, Agamemnon, Oreste, Clytemnestre, Antigone, Ajax, Électre, Œdipe, Égée, Médée, Thésée, Iphigénie, Andromaque… ne sont jamais médiocres !

Conclusion

Rome a vaincu la Grèce, mais la culture grecque a traversé les âges par la force des idées qu'elle a semées. Et par un retournement de l'histoire, l'Empire byzantin, qui est l'Empire romain d'orient a survécu mille ans à l'Empire romain d'occident, sur un territoire de culture grecque.
Il ne faut pas pour autant sous-estimer l'apport de Rome à la culture occidentale. Il est considérable ne serait-ce que par sa contribution à la diffusion de la culture grecque et du christianisme. Les romains admiraient les grecs. Les élites romaines étaient imprégnées de culture grecque. Et l'empereur romain Constantin, imité par ses successeurs, a changé la face de l'Occident en se convertissant au christianisme en 312. Le christianisme, né en orient, persécuté depuis trois siècles par Rome bénéficiait soudain du support de l'Empire.
D'une certaine manière nous sommes tous des romains. La langue latine, le droit romain, le pragmatisme et le sens de l'organisation des romains nous ont façonnés.
La langue française, l'italien, l'espagnol, le portugais et le roumain sont des langues latines. Le latin est une langue à la fois rigoureuse, précise,

belle et poétique qui a été la langue la plus parlée en Europe jusqu'au XVIIe siècle. Il reste la langue officielle de l'Eglise catholique.

Nous devons au droit romain la culture juridique et l'état de droit dont s'enorgueillit l'occident. La sécurité juridique a été et reste essentielle au développement économique. La notion même d'Etat nous vient de Rome, là où les grecs ne purent jamais vraiment dépasser le cadre de la cité.

Le pragmatisme romain a tempéré l'intellectualisme grec. Nous avons vu qu'il ne reste pas grand-chose au XXIe siècle des conclusions scientifiques des grecs hormis en mathématique. La méthode expérimentale née en Europe à partir de la Renaissance qui a donné une formidable impulsion à la science marie la logique grecque et le pragmatisme romain.

Enfin, Rome a apporté cinq siècles de sécurité à l'occident, ce qui est considérable. Le début du film Gladiator montre de manière saisissante la supériorité de l'armée romaine sur les armées barbares. Visitez Saint-Rémy-de-Provence : les restes de la ville romaine de Glanum à l'entrée de Saint-Rémy, dans la plaine, avec ses thermes, son arc municipal décoré qui marquait l'entrée de la ville, suggèrent une vie heureuse et apaisée. Ils voisinent avec le village médiéval des Baux-de-Provence haut perché, sur un site hostile, fortifié, difficilement accessible. La vue des Baux-de-Provence est splendide mais le site révèle un monde menaçant. Le contraste de Glanum et des Baux résume visuellement la régression médiévale née de la disparition de la sécurité romaine.

Aussi le sens de l'organisation des romains, bâtisseurs, guerriers et pacificateurs n'a-t-il cessé d'impressionner et d'inspirer. Charlemagne a tenté en 800 de reconstituer l'Empire romain en Europe. Ses successeurs ont créé le saint Empire Romain Germanique, organisation politique multiforme qui ne s'est jamais vraiment imposée, mais qui a vécu près de mille ans, du Xe siècle à Napoléon, qui l'a supprimé.

Le projet de construction européenne peut s'interpréter comme une nouvelle tentative.

2. Le miracle juif

Au collège, mon professeur de français, nous enseignait qu'un homme cultivé, croyant ou non croyant, devait avoir lu la Bible. Il n'avait pas tort. La Bible est une référence incontournable de la culture occidentale, de sa religion, de son art, de sa vision du monde. La Bible hébraïque est l'Ancien Testament des chrétiens.
Un jour de 1983 où je partais en opération pour plusieurs mois au Tchad avec la Légion Étrangère, je me posais la question du livre à emporter. J'optai pour la Bible en pensant à mon professeur de classe de quatrième. Mais je fus vite découragé. La Bible hébraïque est un livre difficile d'accès, qui ne se lit pas d'une traite comme on lirait un roman. Sa lecture nécessite un accompagnement. La Bible hébraïque raconte l'histoire d'un peuple, celle du peuple juif, avec ses généalogies, ses codes législatifs anciens, le code d'alliance, le code deutéronomique, le code de sainteté. Ils représentent la moitié de la première partie de la Bible hébraïque, que les chrétiens appellent le Pentateuque et que les juifs nomment la Loi ou la Torah. Ces généalogies et ces codes civils et pénaux portent la marque de l'époque de leur rédaction et leur lecture me semble aujourd'hui réservée aux spécialistes.
À mon retour du Tchad, je lus un livre de Jean Guitton, philosophe catholique, académicien encore vivant à cette époque, qui écrivait que la pensée occidentale est fondée sur deux piliers : « le miracle grec et le miracle juif », la raison d'Athènes et la foi de Jérusalem. Je me remis sur l'ouvrage. Le miracle grec, nous l'avons vu, est l'invention du rationalisme. La Bible hébraïque invente le monothéisme et propose une histoire du monde, avec un début et une fin, qui aura des conséquences sur la conception occidentale du progrès et de l'histoire, quand les grecs imaginaient le monde immuable et éternel, sans début ni fin.
Il n'est pas dans notre objet d'étudier la religion juive ou la religion chrétienne. Mais que l'on soit croyant ou non croyant, la structure

de la Bible et quelques-uns de ses livres, le plus souvent assez courts, sont une clé d'entrée dans la culture occidentale. Il suffit pour s'en convaincre de visiter nos musées. Petit conseil aux adolescents pour qui ces remarques sont sans doute bien rébarbatives : passez un peu de temps sur la table des matières de la Bible qui est instructive et lisez les premières pages de la *Genèse* et l'*Ecclésiaste.*

La *Genèse*, l'*Exode*, *Job*, le *Cantique des cantiques*, l'*Ecclésiaste,* certains *Psaumes* font partie du patrimoine littéraire de l'humanité, au même titre que les grands textes grecs. Le livre de la *Genèse* est un monument qu'il faut avoir lu, de même qu'il faut avoir lu les dix-sept articles de la *Déclaration des Droits de l'Homme et du Citoyen.* Ce sont des textes fondateurs, repris à l'infini.

La Bible hébraïque est divisée en trois parties : la Loi, les Prophètes et les Écrits. Cette division est facile à mémoriser, comme le sont souvent les plans en trois parties. L'Église catholique a préféré diviser l'Ancien Testament en quatre parties : le Pentateuque (ou la Loi), les Livres historiques, les Livres poétiques, les Prophètes.

La Bible hébraïque a été rédigée, revue et compilée sur une longue période, près de mille ans, essentiellement entre le VIIIe siècle et le IIe siècle av. J.-C. avec un temps fort vers le milieu du millénaire avec l'Exil à Babylone (dans l'Irak actuel) à partir de 597 et la destruction du temple de Jérusalem en 587 par Nabuchodonosor. La recherche moderne souligne une préoccupation majeure des rédacteurs de la Bible : justifier la catastrophe de l'Exil, la diaspora et la destruction du temple. Le monothéisme se serait imposé assez tardivement à l'époque dite perse (538 à 339 av. J.-C.).

La première partie, la Loi (la *Torah* des juifs, le *Pentateuque* des chrétiens) occupe pour les juifs une place clé dans la Bible, comparable à celle des quatre *Évangiles* du *Nouveau Testament* pour les Chrétiens.

La *Loi* contient cinq livres : la *Genèse, l'Exode, le Lévitique, les Nombres et le Deutéronome*, d'où le nom de *Pentateuque* donné par les Chrétiens. Un grand nombre des épisodes et de sagas célèbres de la Bible hébraïque sont issus de la *Genèse* et de l'*Exode*. Le *Lévitique* énonce aussi une phrase clé pour la future religion chrétienne : « L'étranger qui habite avec vous sera pour vous quelqu'un qui est né parmi vous et tu l'aimeras comme toi même car vous avez été des étrangers au pays d'Egypte ». C'est déjà le « tu aimeras ton prochain comme toi-même » qui sera central dans le christianisme. Le *Lévitique* contient aussi la scène du bouc émissaire qui inspirera Sigmund Freud et René Girard au XXe siècle.

La *Genèse* raconte la création de l'univers avec un style lumineux : « Au commencement, Dieu créa le ciel et la terre. Il y eut un soir, il y eut un matin. Ce fut le premier jour ».

Tous nos adolescents ont entendu parler des mythes d'Adam et Ève, du meurtre d'Abel par son frère Caïn, du déluge et l'Arche de Noé, de la Tour de Babel, des patriarches Abraham, Isaac, Jacob, et Joseph, de la destruction de Sodome et Gomorrhe, de la mise à l'épreuve d'Abraham avec son fils Isaac, du mariage d'Isaac et de Rebecca… Mais combien savent que ces mythes, qui précèdent Moïse, sont tous issus du livre de la *Genèse* qui ne compte qu'une trentaine de pages ?

Les quatre livres suivants, l'*Exode*, le *Lévitique*, les *Nombres* et le *Deutéronome* racontent l'histoire de Moïse et la sortie d'Égypte du peuple juif. La *Loi* s'achève avec la mort de Moïse avant son entrée sur la terre promise. Les récits de l'*Exode* ont inspiré le cinéma, les bandes dessinées, les tableaux de nos musées. Ils sont aussi célèbres que ceux de la *Genèse* : le sauvetage du bébé Moïse par la fille du pharaon, l'apparition de l'ange dans le buisson ardent, les dix fléaux d'Égypte, la sortie d'Égypte et l'institution de la Pâque, l'engloutissement de l'armée de Pharaon dans la mer des Roseaux, l'alliance avec Dieu sur le mont Sinaï, les dix commandements et le veau d'or. Ils évoquent tous quelque chose dans l'imaginaire occidental.

Dans la tradition juive ou chrétienne, Moïse est l'auteur de la Loi, ce que les textes bibliques ne revendiquent d'ailleurs pas. La recherche moderne indique que le *Pentateuque* date de l'époque perse

(538 à 339 av. J.-C.), certains de ses textes ayant été composés plus tôt. Le Pentateuque est donc postérieur à Moïse censé avoir vécu au XIIIe siècle av. J.-C. L'exégèse moderne affirme aussi que la *Genèse* n'a pas les mêmes rédacteurs que les quatre livres suivants du Pentateuque.

La seconde partie de la Bible hébraïque, les *Prophètes*, comprend aussi quelques épisodes célèbres : Samson trahi par Dalila, David contre Goliath, David et Bethsabée, le jugement de Salomon (au Xe siècle av. J.-C., la reine de Saba, Jonas et la baleine. Ils se situent entre la mort de Moïse vers 1200 av. J.-C. et la « période perse » marquée par Cyrus qui autorisa en 538 av. J.-C. le retour d'exil des juifs à Jérusalem et la reconstruction du temple de Salomon.

Les Écrits, troisième et dernière partie de la Bible hébraïque, regroupe des textes souvent plus tardifs, *l'Ecclésiaste*, le *Livre de Job*, le *Cantique des Cantiques* (qui célèbre l'amour qui sera au cœur du Nouveau Testament). Seuls les *Psaumes*, longtemps attribués au roi David, père du roi Salomon vivant au Xe siècle, sont plus anciens. L'*Ecclésiaste* a été rédigé sous la période hellénistique quand la Palestine était occupée par les généraux d'Alexandre ou leurs descendants hellénisés, les Lagides (descendants de Ptolémée, fils de Lagos) ou les Séleucides. L'influence des philosophies grecques tardives, le stoïcisme et l'épicurisme, est présente dans l'*Ecclésiaste*, qui n'est pas éloigné non plus du bouddhisme :
« Vanité des vanités, tout est vanité… Ce qui a été c'est ce qui sera, ce qui s'est fait, c'est ce qui se fera, il n'y a rien de nouveau sous le soleil… Il y a un temps pour tout, un temps pour naitre et un temps pour mourir, un temps pour pleurer et un temps pour rire, un temps pour aimer et un temps pour haïr… J'ai appliqué mon cœur à connaitre la sagesse et à connaitre la sottise et la folie ; j'ai compris que cela aussi c'est la poursuite du vent. Tout a été fait de la poussière et tout retourne à la poussière ».

Nos musées, la littérature et le cinéma témoignent de l'influence de la Bible hébraïque. Citons parmi beaucoup d'autres, quelques œuvres :

- Le plafond de la Chapelle Sixtine peint par Michel-Ange avec neuf fresques dont le thème central est la Genèse avec au centre la *Création d'Adam* qui résume l'idéal d'un lien direct entre l'homme et Dieu ;
- Le *David* en marbre sculpté par Michel-Ange, et le *David* en bronze de Donatello, deux sculptures exposées à Florence ;
- *Le Jardin des délices* de Jérôme Bosch ;
- *La Tour de Babel* de Breughel l'ancien ;
- *Eliezer et Rébecca*, chef-d'œuvre de Poussin exposé au Louvre et auquel Claude Lévi-Strauss a consacré un livre ;
- *Le sacrifice d'Isaac* et *l'Aveuglement de Samson* peints par Rembrandt ;
- Plus récemment, *La traversée de la mer rouge* et *Le Songe de Jacob* de Marc Chagall exposés au Centre Pompidou. Marc Chagall a consacré une part importante de son œuvre à la Bible.

Chez les écrivains, les tragédies de Racine font souvent référence aux *Psaumes* et la tragédie *Esther* reprend un thème biblique. La traduction des *Psaumes* de Corneille tient du divin, écrit Jean d'Ormesson dans *Comme un chant d'Espérance.* Les écrivains romantiques Vigny (*Moïse*), Chateaubriand (*Mémoires d'outre-tombe*), Victor Hugo (*La Légende des siècles)* ont été fascinés par le personnage de Moïse. Freud a publié *Moïse et le monothéisme.*

Des philosophes continuent à placer la Bible au cœur de leur réflexion tel René Girard et *Le Bouc Émissaire,* une scène du *Lévitique* que nous avons déjà évoquée.

La Bible hébraïque a aussi inspiré la musique. Citons parmi beaucoup d'autres :

– Les opéras de Verdi avec le célèbre chœur *Va pensiero* des Hébreux en esclavage à Babylone, dans Nabucco (Roi de Babylone), Samson et Dalila de Saint Saëns avec l'air de Dalila *Mon cœur s'ouvre à ta voix*, un des plus célèbre de l'art lyrique ;
– Les *Psaumes*, ont été mis en musique, en particulier le Psaume 130 qui débute par *De profundis* et le Psaume 50 *Miserere* qui a inspiré Mozart ;
– *La Création*, est un chef-d'œuvre de Haydn.

Enfin la Bible a souvent inspiré le cinéma : citons *Les dix commandements* de Cecil B. de Mille et *Les Aventuriers de l'Arche perdue* de Steven Spielberg.

3. La révolution chrétienne

Après le « miracle grec » et le « miracle juif », pourquoi donner le titre de « révolution chrétienne » à ce troisième thème ? Pourquoi pas « miracle chrétien » ? On peut en discuter. Le terme de « miracle grec » pour qualifier la Grèce antique est un lieu commun. Celui de miracle juif avec l'invention du monothéisme est moins fréquent. Il a été retenu par des auteurs dont Jean Guitton, catholique.

Le christianisme, issu du judaïsme, porte un message révolutionnaire. « Scandale pour les Juifs et folie pour les Grecs » écrit saint Paul. La résurrection du Christ et ses paraboles mettent au premier plan l'amour, le respect de la personne humaine et l'égalité des êtres humains. À une époque où la vie humaine ne vaut pas grand-chose et où la société est peuplée d'esclaves, la formule de saint Paul dans l'*Épitre aux Galates* « il n'y a plus ni Juif ni Grec, il n'y a plus ni esclave ni homme libre, il n'y a plus ni homme ni femme, car tous vous n'êtes qu'un en Christ » est incontestablement moderne. La religion chrétienne affirme d'emblée une approche universelle de l'être humain.

Jésus était allé très loin dans son *Sermon sur la Montagne*, rapporté par l'*Évangile de Matthieu.* Il valorise les pauvres et le respect de l'autre : « Heureux ceux qui pleurent, car ils seront consolés, heureux ceux qui ont faim et soif de la justice, car ils seront rassasiés, heureux ceux qui font preuve de bonté car on aura de la bonté pour eux, heureux ceux qui procurent la paix, car ils seront appelés fils de Dieu… Ne croyez pas que je sois venu pour abolir la loi ou les prophètes, je suis venu pour l'accomplir… Aimez vos ennemis… pardonnez aux hommes leurs fautes… Tout ce que vous voudriez que les hommes fassent pour vous, faites-le de même pour eux… pourquoi vois-tu la paille qui est dans l'œil de ton frère et ne remarques-tu pas la poutre qui est dans ton œil ?… Si quelqu'un te gifle sur la joue droite, tends la joue gauche… Quand tu fais un don à quelqu'un, ne sonne pas la trompette devant toi comme font les hypocrites… Ne vous amassez pas des trésors sur la terre… ». « Il est plus facile à un chameau de passer par le trou d'une aiguille qu'à un riche d'entrer dans le royaume de Dieu » complète l'*Évangile de Luc*.

Le texte de référence est bien sûr et sans surprise, le Nouveau Testament.

Le Nouveau Testament est d'accès plus immédiat que l'Ancien Testament. C'est le portrait de Jésus par des hommes qui témoignent quelques décennies après la mort de Jésus. L'Ancien Testament est l'histoire du peuple juif, contée sur vingt siècles, avec des textes législatifs et juridiques. Il nécessite pour être compris une solide initiation.

Le Nouveau Testament est aussi environ quatre fois plus court que l'Ancien Testament. Il comprend les quatre *Évangiles*, les *Actes des Apôtres* attribués à l'évangéliste Luc (un grec humaniste médecin et compagnon de Paul), vingt et une lettres ou épitres, dont treize de Paul, notamment *l'Épître aux romains,* le plus célèbre et *l'Épître aux éphésiens*, le plus beau résumé de sa théologie. *L'Apocalypse* de Jean est le dernier livre du Nouveau Testament.

« La religion chrétienne est la seule religion qui ne soit qu'une religion et rien d'autre. Le judaïsme est une religion et un peuple. L'islam est une religion et un système juridique. Le bouddhisme est aussi une sagesse » observe Rémi Brague.

Enfant, j'ai toujours eu le sentiment diffus que la distinction des douze apôtres et des quatre évangélistes n'était pas très claire. Dans le principe c'est simple : les douze ont côtoyé Jésus. Ils participent au dernier diner, la Cène, avant l'arrestation de Jésus sur le mont des Oliviers. Les Évangélistes, eux, ont rédigé quelques décennies après la mort de Jésus, assez rapidement donc, les quatre évangiles. Ils n'ont pas connu Jésus, sauf sans doute Jean, qui est à la fois un des douze et l'auteur du quatrième Évangile et de l'Apocalypse, le dernier livre de la Bible. Je me suis penché sur le sujet pour rédiger ce livre et je confirme que la distinction des évangélistes et des apôtres n'est pas simple, car Paul, qui n'a pas connu Jésus (hormis la voix de Jésus sur le chemin de Damas après la résurrection) et ne fait pas partie des douze est quand même appelé l'Apôtre avec un A majuscule !

La foi chrétienne est pétrie du rationalisme grec. Les deux plus célèbres pères de l'Église, saint Augustin au Ve siècle et saint Thomas d'Aquin au XIIIe siècle ont réalisé, nous en avons parlé, la synthèse du christianisme avec respectivement Platon et Aristote. Le Christ a parlé en araméen, mais les Évangiles ont été rédigées en grec, la langue de communication dans la méditerranée orientale du Ier siècle après Jésus-Christ. Elles n'ont été écrites ni en araméen ni en hébreu.
L'amour du prochain, déjà présent dans le *Lévitique*, le troisième livre de la *Torah*, avec le célèbre « Tu aimeras ton prochain comme toi-même » devient central dans le christianisme. Il change de dimension avec l'incarnation de Dieu fait homme.
« Le coup de génie du christianisme, qui le distingue de toutes les religions c'est d'inventer l'incarnation. Dieu se fait homme. Le Christ est Dieu et il est homme. Jésus peut être aimé. Il s'est changé en amour » écrit Jean d'Ormesson dans *C'est une chose étrange à la fin que le monde.* Alors que « dans la religion juive, Dieu est caché. Il est à peine possible de prononcer son nom… Il est permis de soutenir que le christianisme constitue la révolution la plus ambitieuse et peut être la plus réussie de tous les temps. À une époque partagée entre citoyens libres et esclaves… Jésus prêche la dignité des pauvres, l'égalité entre tous les hommes et l'émancipation des femmes… Il faut aimer les autres, il faut aimer jusqu'à ses ennemis. Il a changé plus que personne l'image du monde à venir » ajoute-t-il dans *Et moi, je vis toujours.*
« Rendez à César ce qui est à César et à Dieu ce qui est à Dieu » dit Jésus aux Pharisiens dans les trois Évangiles synoptiques (Luc, Mathieu, Marc). Cette phrase de Jésus pose le cadre de ce qui deviendra la séparation de l'Église et de l'État dans la tradition juridique occidentale.
L'influence du christianisme sur la culture occidentale est immense. L'Église catholique, la plus vieille organisation du monde, fixe le dogme avec une autorité rare dans les religions. De grands écrivains et philosophes catholiques modernes restent fascinés par le christianisme : citons Blaise Pascal, savant et philosophe du XVIIe siècle et

catholique obsédé par la chute et la corruption de l'homme, et plus récemment Georges Bernanos, Paul Claudel, Charles Péguy, François Mauriac, René Girard. Le président des États-Unis prête serment sur la Bible, Ancien et Nouveau Testament réunis.

Comme la mythologie grecque et l'Ancien Testament, la vie de Jésus a inspiré les plus grands artistes occidentaux qui l'ont peinte, mise en musique ou méditée. Visiter le musée du Louvre sans connaître les grands épisodes de la Bible ou de la mythologie, n'empêche pas d'admirer la beauté des tableaux, mais prive de la compréhension ou de la mise en perspective des chefs-d'œuvre. La liste suivante est un peu fastidieuse. Mais le simple survol des épisodes de la vie de Jésus accompagnés de quelques noms d'artistes qui les ont illustrés réveillera inévitablement chez chacun, croyant ou non croyant, des images oubliées, témoignages d'une culture partagée :

- L'Annonciation de la naissance de Jésus faite à Marie : Fra Angelico, Memling, Corrège, Titien Zurbaran, Poussin ont peint cette annonciation qui a aussi inspiré *l'Angelus*, prière peinte par Millet. Citons l'exceptionnelle *Présentation de la Vierge au Temple* de Titien à l'Académie de Venise. Dans la littérature *L'Annonce faite à Marie* pièce de Paul Claudel ;
- La Nativité : Fra Angelico, Botticelli, Piero della Francesca ;
- L'Adoration des Mages Gaspard, Melchior et Balthazar : Botticelli, Breughel, Le Pérugin, Leonard de Vinci, Velasquez ;
- La présentation au temple : Mantegna ;
- Le massacre des Innocents : Giotto, le Tintoret, Rubens, Poussin (*Massacre des saints Innocents*) ;
- La fuite en Égypte et la sainte Famille : *La Sainte Famille* de Poussin, *Le Repos pendant la fuite en Égypte* du Caravage ;
- Le Baptême de Jésus et les tentations lors des quarante jours au Désert : Botticelli, Fra Angelico, Raphaël, Rubens, Corot ;
- Les Noces de Cana : Le tableau de Véronèse au Louvre, mais aussi Giotto, Bosch, Murillo ;
- La Samaritaine : Véronèse, Carrache, Rembrandt, Boucher, Turner ;

– La Marche sur les eaux peinte par Rembrandt, Le Tintoret, Delacroix ;
– La Multiplication des pains : illustrée dans *Les Très Riches Heures du duc de Berry* ;
– La parabole du bon Samaritain : Ribera, Hogarth, Delacroix ;
– La parabole de l'Enfant prodigue : *le Retour de l'Enfant prodigue* de Rembrandt ;
– La Femme adultère : représentée dans les mosaïques de Ravenne et par Poussin ;
– Les marchands chassés du Temple : la scène a inspiré parmi d'autres Giotto et El Greco ;
– La dernière Cène : le tableau célèbre de Leonard de Vinci réalisé à la fin du XVe siècle est une peinture murale destinée au réfectoire d'un couvent de Milan ;
– L'Agonie (la lutte) et l'arrestation de Jésus au mont des Oliviers : *Le Baiser de Judas* peint par Giotto à Padoue, les tableaux de Fra Angelico, Mantegna, Le Greco, Corrège, le Tintoret, le Caravage, Goya, Delacroix ;
– Jésus et Ponce Pilate (*Ecce homo* : voilà l'homme) : Titien, Rembrandt, Caravage ;
– La Flagellation et le Couronnement d'épines : Giotto, Tiepolo, Raphaël, Delacroix ;
– Le Chemin de Croix : Giotto, Holbein, Tiepolo, Delacroix et son *Christ montant au Calvaire* ;
– La Crucifixion sur le Golgotha : Dürer, Giotto, Fra Angelico, Le Greco, Tiepolo, Rembrandt, Memling. Citons plus particulièrement La *Crucifixion* du Tintoret à Venise et les christs de Grünewald ;
– La Résurrection : Giotto et Fra Angelico montrent les gardes du tombeau éblouis par la lumière ;
– Les Apparitions à Marie Madeleine, aux Pèlerins d'Emmaüs, aux apôtres (la Pêche miraculeuse) : Titien, le Tintoret, Rubens, Velázquez, le Caravage, Rembrandt, Philippe de Champaigne. La sculpture de Verrocchio représente Jésus montrant ses plaies ;

– L'ascension orne de nombreuses coupoles d'églises;
– Le Jugement dernier : la fresque de Michel-Ange dans la chapelle Sixtine, la *Porte de l'enfer* du sculpteur Rodin.

La Musique aussi s'est emparée de la vie de Jésus. Citons parmi beaucoup d'autres :
– Les chefs-d'œuvre de Jean-Sébastien Bach, *la Passion selon saint Jean, la Passion selon saint Matthieu,* l'*oratorio de Noël,* le *Magnificat,* chant dans lequel Marie magnifie Dieu, la *Messe en Si,* monument musical de Jean-Sébastien Bach avec l'*Agnus Dei* présent dans toutes les messes musicales qui reprend les paroles de Jean Baptiste lors du baptême de Jésus « voici l'Agneau de Dieu qui enlève le péché du monde »;
– L'*Ave Verum* de Mozart;
– Le *Stabat Mater Dolorosa* de Pergolèse et de Vivaldi chefs-d'œuvre parmi une trentaine au moins de compositions sur ce thème qui exprime la douleur de Marie face à la mort de son fils;
– Les *Ave Maria* de Schubert et de Gounod;
– *Le Messie* de Haendel;

Pour conclure, je ne résiste pas au plaisir de citer ces belles lignes de Jean d'Ormesson : « Dieu présent partout, éternellement absent, se dissimule dans ce monde mais se manifeste soudain de façon surprenante avec une sorte d'évidence et d'éclat, comme un chant d'espérance, dans quelques occasions ». Parmi elles, figurent des œuvres littéraires dont il donne une liste qui mérite, n'en doutons pas, considération :
– La Genèse, l'Ecclésiaste, l'Évangile de saint Jean;
– L'*Iliade* et L'*Odyssée*;
– Les *confessions* de saint Augustin;
– Presque tout Ronsard;
– Les stances de *Polyeucte* et la traduction des *Psaumes* de Corneille;
– *Andromaque, Bérénice* et *Phèdre* de Racine;

– Plusieurs passages et les dernières pages des *Mémoires d'outre-tombe* de Chateaubriand ;
– *A Villequier* de Victor Hugo ;
– Presque tout Baudelaire ;
– Plusieurs poèmes de Verlaine ;
– *La Balade de la geôle de Reading* d'Oscar Wilde ;
– Presque tout Péguy ;
– Plusieurs poèmes d'Aragon ;
– Plusieurs poèmes d'Apollinaire.

Lectures pour aller plus loin :

Luc Ferry, *La sagesse des mythes. Apprendre à vivre - 2*, Plon, 2008
Luc Ferry, Lucien Jerphagnon, *La tentation du christianisme*, Grasset, 2009
Jeanne Hersch, *L'étonnement philosophique*, Folio essais, 2008
Mickael Launay, *Le grand roman des Maths*, Flammarion, 2016
Jean-François Revel, *Histoire de la philosophie occidentale*, NiL éditions, 1994
Thomas Römer, *La Bible, quelles histoires !* Labor et Fides, 2014
Thomas Römer, *L'Invention de Dieu*, Seuil, 2014
Jacqueline de Romilly, *La tragédie grecque*, PUF, 1970
Jacqueline de Romilly, *Pourquoi la Grèce*, De Fallois, 1992
Jacqueline de Romilly, *Hector*, De Fallois, 1997
Jacqueline de Romilly, *« Patience mon cœur » : l'essor de la psychologie dans la tragédie grecque*, Plon Agora 1994
Philippe Sellier, *La Bible. Aux sources de la culture occidentale*, Editions Points, Sagesses, 2013
Jean-Pierre Vernant, *L'Univers, les dieux, les hommes*, Le Seuil, 1999

CHAPITRE II

LA NOUVELLE REPRÉSENTATION SCIENTIFIQUE DU MONDE

Passer sans transition de l'antiquité classique à la révolution scientifique du XXe siècle, celle de la relativité générale et de la mécanique quantique, est un choix audacieux qui peut paraître saugrenu.

Le paradoxe n'est qu'apparent. Les deux théories qui fondent la physique moderne ont changé en quelques décennies notre compréhension de l'univers. Nous sommes passés, en très peu de temps, d'une représentation grecque, biblique, taoïste, hindouiste ou bouddhiste du monde, à un univers dont la science a reconstitué l'épopée de quatorze milliards d'années, avec une explosion primitive, le big-bang, suivie d'une expansion de l'univers qui se poursuit et s'accélère. Les grecs avaient une vision statique de l'univers. L'univers décrit par la science contemporaine a une histoire, donnant sur ce point raison au mythe de la création de la Genèse biblique sur la vision d'Aristote.

La théorie de la relativité générale formulée en 1915 par Einstein explique l'infiniment grand : les planètes, les étoiles, les galaxies, les ondes gravitationnelles. Elle a transformé ce que nous savons du temps et de l'espace. Elle explique la force de gravité énoncée par Newton, deux siècles plus tôt, en 1687. La relativité générale est une des théories les plus puissantes inventées par l'homme. Elle nous a permis de décrire une histoire de l'univers.

La théorie de la mécanique quantique explique l'infiniment petit, le monde des atomes et des particules. Elle fut formulée vers 1930 par un ensemble de savants européens, Max Planck, Niels Bohr, Werner

Heisenberg, Paul Dirac, Wolfgang Pauli et Erwin Schrödinger. Elle a profondément modifié ce que nous savons de la matière.

Le grand problème de la physique moderne, est de réconcilier ces deux théories, qui fonctionnement admirablement bien et sont vérifiées par l'expérience, mais ne sont pas compatibles. Les physiciens cherchent une théorie du tout, qui réunifierait la théorie de la relativité générale et celle de la mécanique quantique. La gravité quantique est le nom donné à la recherche physique qui tente d'allier la relativité générale et la mécanique quantique.

Une chose est sure, ces deux théories du début du XXe siècle sont les socles de la physique moderne et font partie du patrimoine mondial du savoir. Tous les physiciens du monde connaissent ces deux théories, partagent le même vocabulaire, les mêmes signes, les mêmes manières d'évaluer les expériences, et testent leurs concepts sur les mêmes instruments, qu'il s'agisse des satellites et des télescopes pour explorer l'infiniment grand ou des accélérateurs de particules pour sonder l'infiniment petit. Ils publient en anglais les résultats de leurs recherches dans le mêmes revues *Science* et *Nature*. Ainsi il existe une internationale de la physique.

Ces théories sont aussi connues, au moins de manière générale, par les hommes de culture, scientifiques ou non. François Mitterrand, grand littéraire, avait invité le scientifique américain d'origine vietnamienne et de culture française, Trinh Xuan Thuan, dont il appréciait les livres, à l'accompagner pour un voyage présidentiel au Vietnam dès 1993.

1. Relativité générale et champs quantiques

Exposer ces deux théories physiques de manière simple et exacte est un défi qui justifie à lui seul le sous-titre du présent livre « attachez-vous bien la ceinture ! ».
Le monde atomique et le monde de l'espace-temps dépassent en effet notre intuition. Ils sont contraires au sens commun. Pour cette épopée du savoir, fabuleuse, le plus simple est me semble-t-il de revenir aux questions relativement simples que se sont posés Isaac Newton puis Albert Einstein. Ils ne sont pas partis de rien. Ils ont réfléchi à partir des théories de leurs époques, qu'ils ont cherché à unifier. C'est un classique de l'histoire des idées scientifiques.
Kepler au début du XVIIe siècle observe les planètes et les étoiles et voit que les objets célestes décrivent des ellipses. Galilée au même moment observe sur terre les objets tombant sur le sol et voit que les objets suivent des paraboles. Newton unifie la théorie de Kepler et celle de Galilée et montre en 1687 que c'est la même équation qui s'applique aux planètes qui tournent autour du soleil et aux pommes qui tombent sur la terre.
Newton après cette découverte de génie qui crée la science moderne, passera sa vie à tenter d'expliquer, sans y parvenir, l'origine de la force de gravité qu'il a identifiée, décrite et quantifiée par une équation mathématique simple qui mérite d'être rappelée. Deux corps de masse m et m' s'attirent mutuellement de manière proportionnelle à leur masse et de manière inversement proportionnelle au carré de leur distance d : $F = G\, mm'/d^2$. Nous utilisons encore cette formule pour construire des ponts et des avions. La loi de la gravitation universelle de Newton permet avec l'analyse mathématique de décrire et prédire tout ce qui est accessible à nos sens. Uranus et Neptune ont été découverts grâce à la formule de Newton.
Mais d'où vient la force de gravité décrite par Newton ?
Jusqu'à Einstein en 1915, pendant plus de deux siècles donc, personne n'a su l'expliquer. Au début du XXe siècle on découvrit que la théorie

de Newton qui était le modèle absolu de la science depuis 1687 ne fonctionnait pas toujours. La course de Mercure, la petite planète proche du soleil, présentait une dérive infime, mais une dérive incontestable, par rapport aux équations de Newton. Einstein s'attaqua au problème, chercha à expliquer la force gravitationnelle de Newton et justifia la dérive de Mercure.

La relativité générale

Einstein, comme Newton, ne part pas de rien. Il réfléchit à partir des théories existantes à son époque, de même que Newton avait réunifié à la fin du XVIIe siècle les théories de Kepler et de Galilée. Einstein est impressionné par les travaux de Faraday et de Maxwell qui, à la fin du XIXe siècle, ont compris qu'à côté de l'espace et des particules de Newton, il y avait une troisième composante, le champ électromagnétique, qui emplit tout l'espace. Laissons le scientifique Carlo Rovelli, parler :

« Maxwell a le génie de comprendre que la lumière n'est rien d'autre qu'un mouvement ondulatoire rapide, une variété du rayonnement électromagnétique [...]

De la même façon que la force électrique entre des charges est portée par le champ électromagnétique de Maxwell qui occupe l'espace entre elles, Einstein imagine que la force gravitationnelle entre deux masses doit être portée par un champ gravitationnel. Einstein introduit le champ gravitationnel.

C'était déjà une grande avancée. Mais Einstein va plus loin et a une intuition de génie qui en fait l'un des plus grands scientifiques de tous les temps : il a l'intuition que l'espace de Newton et le champ gravitationnel sont une seule et même chose. C'est probablement sa plus grande réalisation [...]

Immédiatement, la représentation du monde change : le monde n'est plus fait de particules et de champs qui vivent dans l'espace, mais uniquement de particules et de champs. Et de même que les équations de Maxwell régissaient les ondes électromagnétiques, les équations

d'Einstein régissent le champ gravitationnel. À notre échelle terrestre, les modifications du champ gravitationnel sont très faibles.
Telle est la théorie de la relativité générale. Il s'agit de relativité car il n'est pas possible de donner une localisation des objets dans l'espace, mais seulement une localisation relative des objets par rapport aux autres. Elle est générale, car elle n'est pas seulement une explication de la force de gravité de Newton. »

Sur un sujet qui n'est pas d'intuition facile, il n'est pas inutile de compléter le commentaire de Carlo Rovelli par celui d'un autre scientifique, Aurélien Barrau, qui ajoute dans *Big Bang et Au-delà* :
« Cette immense révolution est aussi une simplification. La physique ne repose plus comme on le pensait sur des champs et des particules se mouvant dans un espace-temps donné mais uniquement sur des champs. L'espace-temps est devenu un champ comme les autres. Chez Newton, la lune tourne autour de la terre parce que la force de cette dernière l'attire. Chez Einstein, la lune avance en ligne droite sans subir aucune force mais dans l'espace-temps courbé par la gravitation terrestre. La théorie de la relativité générale montre que l'univers est en expansion. Cette prédiction qui découle de la théorie a été validée par un siècle d'observations. »
Enfin, aidons-nous de Christophe Galfard, qui ajoute un troisième éclairage :
« L'extraordinaire vision d'Einstein a été de saisir que gravitation, matière et énergie étaient liées de manière bien plus simple qu'il n'y parait : le tissu de l'espace-temps. Tout ce que l'univers contient crée des courbes. L'effet de ces courbes sur tout ce qui s'y propage, lumière ou matière est ce que nous appelons la gravitation : pour comprendre comment la gravitation agit, il suffit de connaitre la quantité d'énergie qu'une étoile contient. L'interprétation géométrique donnée par Einstein vaut pour tout le cosmos et non seulement pour le soleil »
« Newton a découvert la force de gravité. Einstein a montré que cette force n'en n'est pas une, mais un effet de la courbure de l'espace-temps. La gravitation n'est plus un mystère et devient la courbure d'un tissu

invisible, une courbure de ce dont l'univers est fait et provoquée par les objets qu'il contient. La théorie de Newton ne s'applique pas quand la gravité est trop forte. »

« Newton a décrit le monde aux échelles qui nous sont familières. Quand les distances sont trop grandes ou les énergies trop élevées, il faut se tourner vers la vision d'Einstein. Mais la théorie de Newton reste achevée : nous savons où elle fonctionne et où et pourquoi elle échoue ».

Voilà pour la théorie de la relativité générale qui révolutionne la science, mais aussi la philosophie qui n'a jamais cessé de s'interroger sur la notion de temps. On se doit de dire ici un mot du temps relatif.

« Le temps est relatif. Einstein découvrit cela en 1905, avec sa théorie de la relativité restreinte, dix ans avant la théorie de la relativité générale de 1915. La vitesse transforme tout, y compris l'espace et le temps : une montre lancée à toute allure ne tic-tac pas comme une montre restée au poignet. Plus vite on se déplace, plus prononcée est la dilatation du temps par rapport à celui qui ne se déplace pas. Si vous vous déplacez à 87 % de la vitesse de la lumière, une seconde sur votre montre seront deux secondes sur la terre. À 98 % de la vitesse de la lumière : une minute pour vous seront cinq minutes sur terre. À 99,99 % de la vitesse de la lumière : un an pour vous sera un siècle pour la terre. Votre montre, mécanique ou non, n'avance pas à la même vitesse que celle attachée à la terre ».

Ce n'est pas tout. Einstein prévoit qu'au fur et à mesure qu'on accélère, au fur et à mesure que le temps se dilate, l'espace devrait se contracter. Les objets eux-mêmes rétrécissent avec la vitesse. À 87 % de la vitesse de la lumière, votre taille est divisée par deux.

« Aucun objet massif ne peut atteindre la vitesse de la lumière. C'est une loi. Quand on lui apporte de l'énergie, l'objet la convertit en masse. C'est la célèbre équation $E = mC^2$. Dans les étoiles, la masse peut devenir énergie. Ici c'est l'inverse, l'énergie peut devenir masse. Cette formule n'était pas connue avant 1905. C'est la théorie de la relativité restreinte. Énergie et masse ne sont que les deux aspects d'une même chose.

Tout ce qui est massif devient plus massif encore en accélérant. Pour atteindre la vitesse de la lumière il ne faut pas avoir de masse au départ. À la vitesse de la lumière, le temps se fige. Être soumis au temps qui passe est l'apanage des objets massifs ».

Concluons de manière imagée avant d'aborder quelques idées générales sur la théorie quantique : Einstein donne une explication géométrique de la gravité de Newton qui n'est plus une force. De même qu'une boule placée dans un tissu déforme ce tissu et attirera une boule plus petite, la terre déforme le tissu de l'espace-temps et attire ainsi la lune.

En 1971 eut lieu la première expérience capable de détecter une dilatation du temps avec trois horloges atomiques.

Les équations d'Einstein montrent comment la matière et l'énergie déforment l'espace-temps et créent la gravité. S'il n'y avait pas de champ gravitationnel, les trajectoires des astres seraient des lignes droites. Pour des champs gravitationnels faibles et des objets se mouvant à petite vitesse, la théorie de Newton fonctionne.

La théorie quantique

Au début du XXe siècle, après la remise en cause de Newton par Einstein, on découvre que la vision de Newton ne s'applique pas non plus aux objets microscopiques. Pour décrire le monde des particules, de l'infiniment petit, il faut la physique quantique, le second pilier de la science physique moderne. Le monde de Newton était fait d'espace et d'objets. Einstein a remis en cause la notion d'espace. La mécanique quantique remet en question de manière radicale la notion d'objets.

« Pour passer de Newton à Einstein, il a fallu renoncer à l'idée que l'univers était statique et que la gravitation était une force. Il a fallu introduire l'espace-temps, qui se déforme autour de la matière et de l'énergie. Pour passer de Newton à la physique quantique, il a fallu renoncer à l'idée que les particules étaient ponctuelles, introduire des ondes, des champs, une certaine forme d'incertitude et la possibilité de parcourir simultanément des chemins différents » écrit Christophe Galfard.

Avec trois phénomènes propres au monde quantique : le principe d'incertitude, la granularité et la dualité onde-particules.

Selon la théorie quantique, dire à la fois où est une particule élémentaire et où elle va est impossible, même en principe. C'est une propriété de la nature. Nous ne pourrons jamais décrire la trajectoire d'une particule autour du noyau d'un atome comme nous déterminons l'orbite d'une planète autour du soleil. Les probabilités remplacent le déterminisme de Newton. C'est le principe d'incertitude d'Heisenberg.

Par ailleurs, selon la physique quantique, dans le monde des particules élémentaires, on rencontre toujours une granularité, une discontinuité. La nature se manifeste par petits paquets discontinus, les quanta. La nature ne peut pas prendre toutes les valeurs et la granularité est présente partout dans la nature. L'énergie des électrons ne peut prendre que certaines valeurs. La matière est granulaire, faite de molécules. La lumière est faite de photons. La longueur de Planck est de 10^{-33} centimètre. C'est le quanta élémentaire de l'espace, la longueur minimale en dessous de laquelle la notion de longueur n'a plus de sens. 10^{-44} seconde est le temps de Planck, une durée si petite qu'aucune horloge ne peut la mesurer, mais en dessous duquel la notion de temps ne s'applique plus.

Troisième caractéristique, les champs quantiques peuvent créer des particules élémentaires n'importe où, dès lors que l'énergie disponible est suffisante. Ces particules élémentaires sont à la fois ondes et particules et porteuses des trois forces connues de la nature, la force électromagnétique, la force forte et la force faible.

La théorie quantique des champs a de multiples applications pratiques, les lasers, la physique nucléaire, la bombe atomique. La relativité générale fonctionne remarquablement bien, mais avait peu d'applications pratiques. Elle était considérée il y a trente ans encore comme une magnifique théorie un peu spéculative. La grande majorité des chercheurs étaient quantitativistes et non relativistes.

Mais depuis quelques décennies, les confirmations expérimentales de la relativité générale se sont multipliées : les trous noirs ont été identifiés dans l'univers. Les relevés du satellite Planck ont confirmé le modèle standard de l'univers, le Big Bang et l'expansion de l'univers qui s'accélère, dans lequel la relativité joue un rôle central. Le GPS est une application de la relativité générale : la dilatation du temps et la contraction des distances sont prises en compte dans un GPS.
Le problème de la physique est que ces deux théories, qui sont très efficaces pour décrire le monde, sont incompatibles.
La théorie quantique fonctionne très bien quand la force gravitationnelle est négligeable. La relativité générale décrit très bien le monde des galaxies et des étoiles quand la force de gravité est essentielle et que les trois autres forces connues des champs quantiques sont négligeables. Entre les deux, à l'échelle de nos sens, la théorie de Newton fonctionne toujours. Dès lors pourquoi y a-t-il un problème ?
D'abord, il n'est pas satisfaisant pour l'esprit d'avoir deux théories qui fonctionnent correctement à une échelle et pas à une autre. « La science nous a habitués à l'idée d'une unité de l'univers. Newton au XVIIe siècle unifie le ciel et la terre avec sa loi qui décrit la course de la lune et la chute de la pomme. Maxwell unifie l'électricité et le magnétisme au XIXe siècle. Einstein unifie l'espace et le temps au XXe siècle » écrit Trinh Xuan Thuan.
Ensuite, il existe dans l'univers des objets, les trous noirs, à la fois très petits, décrits par la mécanique quantique et très massifs, identifiés par la relativité générale, dont nous sommes incapables de décrire les propriétés avec nos deux théories incompatibles. De même, au moment du Big-Bang, comme au centre des trous noirs, la théorie de la relativité générale et la théorie quantique ne fonctionnent plus.
Nous avons donc un problème pour comprendre les premiers instants du Big Bang : temps et espace n'ont plus de signification, de l'aveu même des deux théories. Il faut une théorie du tout que nous n'avons pas. La théorie des cordes est une des candidates à la théorie du tout. Les recherchent pointent vers l'unification des champs quantiques et de la gravitation, vers la gravité quantique.

Ainsi, la science moderne poursuit-elle la formidable aventure du savoir engagée par l'homme à l'époque de la Grèce antique. La physique des particules utilise des machines immenses pour sa recherche d'entités extraordinairement petites. Le grand accélérateur de particules LHC (Large Hadron Collider) du Centre Européen de Recherche Nucléaire, le CERN, le est enfoui sous la terre à Genève à cent mètres de profondeur avec une circonférence de vingt-sept kilomètres. Les détecteurs du LHC pèsent jusqu'à douze mille tonnes. Les accélérateurs de particules, créés pour détecter des particules nouvelles, ont permis d'atteindre un niveau de confiance très élevé dans les théories.

Pour l'exploration de l'univers, le satellite européen Planck a été imaginé dans les années 1990 et a nécessité la collaboration de vingt pays pendant vingt ans.

La représentation scientifique moderne n'est assurément pas celle des grecs ni celle de la Bible. L'univers des grecs et d'Aristote était immuable et la Bible date l'histoire du monde à quatre mille ans et non à cinq milliards d'années, l'âge estimé aujourd'hui par la science pour notre système solaire. Et pourtant, les penseurs de l'antiquité, la Bible, le bouddhisme et le taoïsme ont eu de bonnes intuitions et des pensées profondes. L'univers de la Genèse biblique a un début, une fin, une histoire, comme l'univers du Big Bang. Les Grecs ont eu l'intuition de la notion moderne d'atomes et de particules élémentaires. Le grec Anaximandre, six siècles avant Jésus-Christ avait aussi déjà imaginé, à Millet, dans l'actuelle Turquie, que la terre est un gros caillou qui flotte dans l'espace. La pensée taoïste et bouddhiste avaient insisté sur l'interdépendance de tout ce qui se produit dans l'univers, ce qui rejoint exactement à la vision scientifique contemporaine des champs quantiques.

La science part de ce qui est observable pour imaginer et déduire ce qui ne peut être vu. Elle reste modeste : depuis Karl Popper, elle sait qu'elle ne peut prouver que quelque chose est vrai. Elle peut seulement montrer que dans le cadre de certaines hypothèses, les conclusions des modèles sont vérifiables.

2. L'infiniment grand et l'univers

Ainsi, la représentation moderne de l'univers que nous propose la science depuis un siècle est plus osée, plus extravagante, plus invraisemblable que nos récits mythologiques les plus baroques. C'est inattendu !

Avec son expansion, ses trous noirs, sa matière qu'on ne cesse de décomposer en particules de plus en plus petites, ses étoiles qui forgent les atomes, la lumière qui ressuscite le passé et circule à trois cent mille kilomètres par seconde mais qui est très lente à l'échelle des distances des galaxies, le « mur de Planck », l'attraction universelle qui n'est pas une force mais un tissu en quatre dimensions qui se déforme, les milliards de galaxies qui contiennent chacune des milliards d'étoiles, l'univers est stupéfiant ! On dirait une blague.

Et on nous dit que le plus infime changement dans les paramètres de température, de densité et de gravité de l'univers lors du big-bang aurait conduit à un tout autre univers et que nous vivons entre des enfers brulants et glacés.

La science a fait d'immenses avancées en quelques décennies. Mieux, ce qui était réservé à quelques initiés il y a un siècle, est accessible à tous, car la physique s'est démocratisée grâce aux succès d'éditions scientifiques, de Stephen Hawking à Trinh Xuan Thuan, de Hubert Reeves à Carlo Rovelli, à Christophe Galfard, Aurélien Barrau et bien d'autres. Ils ont écrit des livres de plus en plus clairs en restant rigoureux. Ainsi les idées générales sur la nouvelle représentation de l'univers font-elles partie de la culture universelle et pas seulement de la culture occidentale. Quelles sont-elles ?

L'Univers visible (ces mots suggèrent que l'univers ne s'arrête pas au visible) est une sphère de treize milliards huit cents millions d'années lumières de rayon, composée de centaines de millions de galaxies, peut être de milliards de galaxies, engagées dans un ballet cosmique. L'univers est en expansion. Ce ne sont pas les galaxies qui s'éloignent

de nous, c'est le tissu de l'univers qui de dilate. L'une de ces galaxies est la Voie Lactée. Notre système solaire se positionne dans la banlieue de la Voie Lactée. Le soleil est l'étoile de notre système solaire qui comprend huit planètes. Notre univers est-il fini ou non ? Nous n'en savons rien. Les équations d'Einstein ne donnent pas la réponse. La matière connue de l'univers est composée à 98 % d'atomes d'hydrogène et hélium.
Voilà qui nous rend modestes. Non seulement le soleil ne tourne pas autour de la terre, mais notre système solaire dont la terre n'est qu'une des huit planètes se trouve à la périphérie de notre galaxie, elle-même perdue au milieu de milliards de galaxies. Nous gardons cependant un titre d'orgueil sans équivalent pour l'instant : la terre est la seule planète connue où la pensée est apparue.

La Voie Lactée, notre galaxie est un disque, composé de trois cents milliards d'étoiles, de gaz, de poussières, unies par la gravité et tournant autour d'un centre lumineux, un trou noir super massif, Sagittarius. Notre galaxie fait partie d'un petit groupe de cinquante galaxies, le Groupe Local, dont la galaxie Andromède est la plus proche de la Voie Lactée. Andromède est à deux millions et demi d'années-lumière de la terre : ce que nous pouvons voir d'Andromède, correspond à ce que cette galaxie était il y a deux millions et demi d'années, ce qui reconnaissons-le date un peu…

Les étoiles sont d'énormes boules de plasma dont la lumière nous permet d'explorer l'univers. En raison de leur énergie gravitationnelle qui génère des températures extrêmes, elles forgent de la matière. C'est la fusion thermonucléaire. Les atomes essentiels à la vie ont été forgés dans une étoile. Nos atomes viennent d'étoiles disparues.
Il y a dans les étoiles un combat formidable entre la gravitation qui comprime et le rayonnement de fusion qui dilate. Quand il n'y a plus assez de carburant, l'étoile se comprime. Une nouvelle réaction de fusion se produit. L'étoile explose et dissémine dans l'espace les atomes produits depuis le début de son existence, plus quelques atomes comme

l'or, nés non dans le cœur de l'étoile, mais lors de son explosion. Elle génère un nuage de poussières qui s'assembleront à d'autres nuages de poussières venus d'autres étoiles. Plus l'étoile est grosse, plus vite elle meurt. Plus elle est petite, plus longtemps elle vit.
Les étoiles absorbent aussi une partie de la lumière qu'elles émettent : le rayonnement manquant permet de connaitre leur composition. C'est ainsi que nous connaissons la composition du soleil et des autres étoiles. Les résultats confirment le premier principe cosmologique : toutes les étoiles sont composées de la matière que nous connaissons. Partout nous retrouvons les mêmes briques de base que celles de la terre.

Les planètes, quasiment sphériques, sont trop petites pour devenir un jour des étoiles. Deux mille planètes situées en dehors de notre système solaire, les exoplanètes, ont été recensées dans notre galaxie. Dix ressemblent potentiellement à la terre.

Le système solaire : Malgré la température du soleil, six mille degrés à sa surface, seize millions de degrés en son cœur, le soleil n'est pas une boule de feu, car le feu a besoin d'oxygène et le soleil en produit peu.
Huit planètes sont sous l'emprise gravitationnelle de notre soleil. Elles ne peuvent s'enfuir. Les quatre planètes proches du soleil, Mercure, Venus, La Terre, Mars, sont rocheuses. Les quatre planètes plus éloignées du soleil, appelées les géantes, sont gazeuses : Jupiter, Saturne, Uranus, Neptune. Toutes les planètes et tous les astéroïdes se trouvent sur un disque aplati au centre duquel brille le soleil. La petite Pluton, qui mesure un quart de notre Lune n'est plus considérée comme une planète. Elle fait partie de la ceinture de Kuiper.
Proxima du Centaure, l'étoile la plus proche de notre système solaire, découverte en 1915, est sept fois plus petite que le soleil. Proxima est une étoile très commune, une naine rouge. Sa lumière met quatre ans et deux mois pour arriver sur terre, alors que nous l'avons vu, la lumière de la galaxie la plus proche met deux millions d'années à nous parvenir, ce qui n'est pas la même chose.

La terre : Un nuage de poussières d'étoiles a donné naissance à la terre et notre planète a fini par se solidifier et être entourée par une atmosphère. La terre se déplace à huit cent mille kilomètres heure autour du centre de notre galaxie. Il faut huit minutes à la lumière pour parcourir les cent cinquante millions de kilomètres qui séparent la terre du soleil. Ainsi, depuis la terre, on ne voit jamais le soleil tel qu'il est à l'instant où on le regarde. Une collision a sans doute donné naissance à la Lune. Depuis la Lune, la lumière met une seconde à parcourir les trois cent mille kilomètres qui la séparent de la terre.

Les trous noirs : l'effondrement d'une étoile massive peut provoquer un trou noir. La gravité est alors si puissante que la lumière ne peut en sortir. Selon la relativité générale qui explique la gravité par la déformation de l'espace-temps, rien dans notre univers n'a suffisamment d'énergie, une fois proche d'un trou noir pour échapper à son emprise gravitationnelle. Ces astres renferment tellement de matière et d'énergie, ils créent une pente d'espace-temps si raide, que tout ce qui s'approche des trous noirs est condamné à y rester.
Le temps s'écoule plus lentement sur un trou noir. La sensation est la même que lorsque on voyage à une vitesse proche de celle de la lumière. Mais, ici ce n'est pas la vitesse, mais la gravitation qui est déterminante. Pour que la terre devienne un trou noir, il faudrait la compresser en un dé à coudre.

Le vide n'existe pas dans l'univers. Des champs quantiques existent partout et tout interagit avec tout. Le vide quantique rempli de particules virtuelles est ce qui reste lorsqu'on enlève tout ce qui s'y trouve. Pour apparaitre, les particules empruntent un peu d'énergie aux champs quantiques. Elles existent alors quelques instants avant de disparaitre en rendant cette énergie. C'est pour cette raison que le vide n'existe pas dans notre univers. Les champs quantiques sont toujours là, soumis eux aussi à la gravitation. C'est une découverte cruciale.

La matière noire et le mystère gravitationnel : Sans la vitesse adéquate pour la maintenir sur une orbite stable, une étoile est soit éjectée de la galaxie, soit condamnée à tomber vers son centre. De même, avec une vitesse trop lente une planète tomberait sur son étoile et avec une vitesse trop rapide, la planète serait éjectée de son orbite. Mais Jean Ort a montré en 1932 qu'il n'y a pas assez de matière pour empêcher les étoiles de s'échapper compte tenu de leur vitesse. L'écart est énorme. Il faudrait cinq fois plus de matière connue pour empêcher les étoiles de s'échapper dans les équations d'Einstein. Jean Ort a suggéré qu'un type inconnu de matière devait emplir la voie lactée. On l'a appelée la matière noire. On ne la voit pas mais elle courberait l'espace-temps comme la matière ordinaire.
Près d'un siècle plus tard, nous n'avons aucune idée de la composition de la matière noire. Nous savons qu'elle existe. Nous savons où elle est. Nous savons que pour un kilogramme de matière ordinaire, il y a cinq kilogrammes de matière noire. La matière noire est donc invisible et connue seulement par les effets de gravité qu'elle a sur les astres visibles comme les étoiles.
Ce décalage mis en évidence par Jean Ort pourrait signifier que la théorie d'Einstein ne fonctionne pas à de telles échelles, comme la théorie de Newton ne fonctionne pas à un certain niveau de gravité. Mais nombre d'observations suggèrent que la matière noire existe bien et qu'il y a plus d'invisible que de visible.

L'énergie sombre et le mystère de l'accélération de l'expansion de l'univers.

Il y a cinq milliards d'années, après huit milliards d'expansion normale, l'expansion de l'univers a commencé à accélérer. Or d'après Einstein, tout ce que contient l'univers, devrait ralentir l'expansion sous l'effet de la gravitation et non l'accélérer. De même que la matière noire a été créée pour expliquer le mystère d'étoiles qui devraient sortir de leur orbite et qui y restent, une manière d'échapper à la contradiction de l'expansion de l'univers avec la théorie d'Einstein est d'introduire quelque chose de nouveau, une force antigravitationnelle repoussant la matière et l'énergie au lieu de l'attirer. Elle a été appelée énergie sombre. Ce qui donnerait la composition suivante de l'univers, qui laisse songeur : soixante-douze pour cent d'énergie sombre antigravitationnelle, vingt-trois pour cent de matière noire, quatre et quelque pour cent de matière, celle que nous connaissons et un solde inconnu de moins d'un demi pour cent.

Einstein a introduit la constante cosmologique dans ses équations pour les accorder avec un univers en expansion. Mais il est possible que les équations d'Einstein ne s'appliquent pas à des échelles si gigantesques.

3. L'infiniment petit, la matière et les particules élémentaires

L'infiniment grand, ses milliards de galaxies qui contiennent chacune des milliards de soleils dans l'univers « visible » dépassent notre sens commun. Et l'infiniment petit est tout aussi vertigineux.
Les grecs ont eu l'intuition que la matière était composée de particules élémentaires, qui ne peuvent être découpées en particules plus petites, qu'ils avaient appelées « atomes ». L'idée était juste. La physique moderne nous enseigne qu'il existe effectivement des particules non sécables que nous appelons aujourd'hui les particules élémentaires. Ces particules sont les composants des atomes. La douzaine de particules élémentaires connues, à savoir les électrons, les photons, les quarks et quelques autres sont créées par trois champs quantiques, à l'origine des trois forces fondamentales de la nature. Les particules élémentaires sont le fruit de l'excitation éphémère de ces trois champs.
Le champ électromagnétique crée les électrons, les photons et les phénomènes d'aimantations. Le champ de la force nucléaire forte crée les quarks et les gluons, qui sont les constituants des noyaux d'atomes. Enfin le champ de la force faible crée les neutrinos. La force faible est à l'origine de la radioactivité qui détruit les atomes, défaisant ce que les étoiles ont fait. Le monde de Dark Vador dans les films de Georges Lucas n'est pas si loin !
L'essentiel de nos connaissances sur l'infiniment petit a été découvert depuis une centaine d'années. Ce savoir est accessible à tous depuis quelques décennies. Il a été largement diffusé par des livres à succès et fait désormais partie de la culture commune. Il faut en connaitre les grandes lignes, au demeurant passionnantes. Ainsi, l'histoire de l'atome d'or qui est ici contée, avec celle de la lumière et des trois forces fondamentales de la nature m'a émerveillé. Elle est aussi belle que ce métal qui fait rêver l'humanité depuis toujours.

La matière et les atomes. La matière est composée de molécules. Les molécules sont composées d'atomes. Les atomes sont composés de noyaux et d'électrons. Les noyaux d'atomes sont composés de protons et de neutrons, eux-mêmes composés de quarks et de gluons. Ouf, avec les électrons et les quarks, nous avons atteint le seuil des particules élémentaires !

Les atomes s'associent en partageant des électrons pour former des molécules. L'atome le plus commun est l'atome d'hydrogène qui représente 74 % de la matière connue. L'atome d'oxygène s'associe avec l'hydrogène pour former la molécule d'eau, bien utile sur terre. Certaines molécules comme l'ADN, sont extraordinairement longues. L'ADN avec ses milliards d'atomes transporte l'information génétique.

Le proton, qui est aussi le noyau de l'atome d'hydrogène, comme nous avons appris à l'école, n'est pas une particule élémentaire, contrairement à l'électron. Le proton est composé de particules élémentaires. Il est beaucoup plus lourd que l'électron, près de deux mille fois plus lourd. Il porte une charge électrique exactement opposée à celle de l'électron. C'est la découverte de Rutherford en 1911.

Toute la matière connue de notre univers est faite d'atomes. Six atomes ont suffi pour fabriquer les molécules de la vie sur terre : les CHNOPS. Ce sont les atomes de Carbone, d'Hydrogènes, d'Azote (qui se dit Nitrogène), d'Oxygène, de Phosphore et de Soufre. On dirait une plaisanterie, mais nous sommes donc des composés de CHNOPS.

Il y a quelques décennies, avec un microscope à effet tunnel (capacité d'une particule à passer d'un côté d'une barrière à l'autre) pour la première fois dans l'histoire, des scientifiques ont observé les atomes. Cette réalisation a justifié le Prix Nobel de 1986. Mais personne n'a encore observé un quark, la particule élémentaire contenue dans les protons et les neutrons, donc dans les noyaux des atomes.

Les étoiles forgent des noyaux d'atomes avec leur énergie gravitationnelle extrême. C'est la fusion thermonucléaire. Si les étoiles brillent, c'est parce qu'elles fusionnent dans leur cœur des petits noyaux d'atomes pour en forger de plus gros. Les étoiles collent ensemble des neutrons et des protons. Les gluons superflus sont chassés. Ainsi la fusion thermonucléaire relie des astres énormes, les étoiles, aux plus petites particules élémentaires.

Les atomes d'oxygène que nous respirons ont été forgés dans le cœur des étoiles disparues à partir du plus petit atome, l'atome d'hydrogène, le seul atome à ne pas avoir de neutron dans son noyau, que les étoiles fusionnent avec d'autres pour forger des atomes plus gros.

Les particules élémentaires sont toutes identiques dans l'univers. Seul le nombre de composants, électrons, protons, ou neutrons change d'un atome à l'autre et c'est ce nombre de composants des atomes qui donne aux corps purs leurs propriétés chimiques différentes.

Nous en savons assez maintenant pour comprendre l'histoire de l'atome d'or.

L'atome d'or est si fort et si solide que l'énergie nécessaire pour le forger est supérieure à celle qui est générée par la gravitation d'une étoile. Alors que l'atome d'hydrogène comprend un seul proton, l'atome d'or comprend soixante-dix-neuf protons et soixante-dix-neuf électrons répartis sur six couches. Il comprend aussi cent dix-huit neutrons. Du coup, on sait que l'or n'a pas été élaboré pendant la vie d'une étoile mais au cours de l'explosion d'une étoile en fin de vie. Quand notre soleil mourra, il créera peut-être de l'or.

« Coupez en deux un morceau d'or vingt-six ou vingt-sept fois. Ce sera encore de l'or. Coupez une fois supplémentaire et ce ne sera plus de l'or. La quantité élémentaire d'or est l'atome d'or. Ce raisonnement est valable pour tous les atomes. Un corps pur est composé d'atomes identiques. C'est la définition d'un corps pur. Un morceau de corps pur coupé en deux vingt-six ou vingt-sept fois ce n'est plus de l'argent, du plomb ou du carbone, ou de l'or, mais autre chose. » écrit Christophe Galfard.

Lorsqu'un atome d'oxygène partage un de ses électrons avec un autre atome on dit qu'il y a oxydation. Lorsque le fer s'oxyde, on dit qu'il rouille. L'or ne s'oxyde pas : les atomes d'or sont ainsi faits qu'ils ne peuvent partager aucun électron avec l'oxygène. C'est pour cela que l'or ne s'oxyde pas.

La lumière

L'histoire de l'atome d'or est extraordinaire. Celle de la lumière l'est tout autant. Tout ce que nous savons sur le cosmos transite par la lumière, visible ou non visible. La lumière visible que nos yeux sont habitués à percevoir n'est qu'une très petite partie de la lumière. Mais avec des instruments, nous sommes capables de détecter et de mesurer la lumière non visible par nos yeux.
La lumière est incroyablement rapide, trois cent mille kilomètres par seconde, mais aussi très lente au regard des distances immenses qui séparent les galaxies. Aussi voyons nous les étoiles telles qu'elles étaient et non telles qu'elles sont maintenant. Les lumières émises par les étoiles les plus lointaines jamais observées ont mis treize milliards d'années avant d'être recueillies par nos télescopes. Recueillir la lumière, c'est donc voyager dans le passé et dans l'espace. La limite de ce que nous pouvons voir avec les télescopes, c'est environ quatorze milliards d'années. C'est le mur au fin fond de l'univers visible. Il est impossible en utilisant la lumière de voir au-delà.
La lumière est soumise à la gravitation, comme la matière. Dès lors, dans l'espace, la lumière, comme la matière, ne se propage pas en ligne droite : près d'une galaxie, d'une étoile, d'une planète ou d'un caillou, la lumière est déviée par les courbes créées par ces astres.
La lumière est une radiation électromagnétique qui est à la fois une particule de lumière, le photon, et une onde, c'est-à-dire une longue succession de vagues identiques, décrites par la hauteur de l'onde qui renseigne sur l'intensité, la vitesse, ici celle de la lumière et la longueur d'onde, la distance entre deux crêtes de vagues. Plus les vagues sont rapprochées et plus élevée est l'énergie transportée. Plus la longueur d'onde d'une lumière est courte, plus la lumière est énergétique. « Par exemple, un barrage peut résister à une vague de trois mètres de haut une fois par mois. Il peut s'écrouler si la vague le frappe toutes les secondes ».
Les scientifiques ont fabriqué des appareils pour détecter les ondes qu'ils ont classées de la moins énergétique à la plus énergétique.

Apparaissent ainsi les lumières infrarouges visibles par les serpents et les lumières ultraviolets plus énergétiques, visibles par certains oiseaux. Entre ces deux longueurs d'onde, nos yeux voient la lumière « visible » décomposée en couleurs pour lesquelles il existe une définition mathématique précise fondée sur la longueur d'onde de chaque couleur.

– Les ondes radio ont une grande longueur d'onde, d'un mètre à plus de cent mille kilomètres. Viennent ensuite les microondes puis les lumières infrarouges.

– La lumière visible comprend les couleurs que nous lui attribuons.

– Les rayons ultraviolets, les rayons X puis les rayons gammas sont des lumières non visibles, très énergétiques, énoncés ici par ordre de puissance croissante, détectables par des télescopes spéciaux.

« La lumière percute continuellement notre corps, excitant les électrons présents sans notre peau et dans nos yeux, procurant de l'énergie et réchauffant la matière dont nous sommes composés. Les atomes peuvent également recracher la lumière avalée par leurs électrons, nous faisant briller, ce qui donne la couleur à nos yeux, notre peau. Lorsque de la lumière percute une tomate, toute la lumière visible est absorbée pour être emmagasinée ou réchauffée, à l'exception des rayons rouges sans utilité pour la tomate qui sont réémis par les électrons de sa surface et dirigés vers nos yeux. »

Électrons et photons sont à la fois particule et onde. « Électrons et photons, matière et lumière sont en ce sens identiques. L'électron absorbe le photon. L'électron excité recrache le photon : matière et lumière peuvent se transformer l'une en l'autre et elles le font ».

Les photons sont porteurs de la force électromagnétique. Ces perles de lumière qui transportent la force électromagnétique ne transportent aucune charge électrique. Ils ne peuvent être responsables de ces courants. Ils ont la propriété de s'empiler. Cette propriété est à l'origine de la technologie des lasers.

Les particules élémentaires et les trois forces fondamentales de la nature.

Nous terminons notre visite du monde microscopique avec les trois forces fondamentales de la nature. Elles sont à l'origine des particules, de l'électricité, de l'aimantation, de la solidité du sol et de la radioactivité. Quelques idées générales sont bienvenues.

La matière connue, nous l'avons vu, est composée d'une douzaine de particules élémentaires déconcertantes. Les plus connues sont les électrons, les photons, les quarks et les gluons. La dernière particule élémentaire découverte est le boson de Higgs, formellement identifié grâce à l'accélérateur de particules du CERN à Genève en 2012.

Ces particules quantiques électrons, photons, quarks, gluons sont à la fois ondes et particules. Détecter certaines les fait disparaitre, « tout comme le silence meurt quand on dit son nom. Sans détecteur, les particules n'ont pas d'existence, comme des gouttes dans la mer ». Toutes les particules peuvent se transformer en d'autres particules quand personne ne les regarde : un électron peut devenir de la lumière, un gluon peut se transformer en quark. Se représenter un électron s'avère impossible. Il est certes possible de l'isoler un moment, il ressemble alors à une goutte qui n'en est pas une ». (Christophe Galfard).

D'où viennent ces particules ? Des trois champs quantiques, le champ électromagnétique, le champ de la force nucléaire forte et le champ de la force nucléaire faible qui imprègnent l'univers et qui sont à l'origine des trois forces fondamentales de la nature. Ces trois champs sont partout et les particules élémentaires y naissent et s'y propagent.

La gravitation n'est pas une force, selon la théorie physique actuelle, mais une courbure de l'espace-temps. Aucune particule élémentaire n'a été détectée pour le champ gravitationnel, mais des scientifiques pensent que si la gravitation pouvait être comprise aussi comme un champ quantique, ses particules seraient les gravitons, porteurs de la force gravitationnelle quantique. Mais on ne connait pas de particules élémentaires de gravité.

Ainsi, la terre est une boule de matière composée de particules appartenant aux trois champs quantiques connus soumis à la gravité.

Le champ électromagnétique crée le rayonnement électromagnétique qui est ondulatoire et se propage à la vitesse de la lumière. Il impacte tous les objets de l'univers. Il est à l'origine de la force électromagnétique qui fait bouger les aimants et il est la source de toutes les lumières, réelles ou virtuelles et de toutes les charges électriques qui existent dans notre univers. Les électrons et les photons, qu'ils soient ondes ou particules, naissent de ce champ. Il maintient les électrons autour des noyaux. Grace au champ électromagnétique, les électrons ne s'enfuient pas et les atomes sont stables. En autorisant la mise en commun d'électrons, il permet les regroupements d'atomes en molécules. L'électromagnétisme agit à distance, comme la gravitation, mais il peut être attractif ou répulsif, alors que la gravitation n'est qu'attractive.

Les électrons sont tous identiques. Ils ne se comportent pas comme des planètes : ils sautent d'une orbite à l'autre. Plus l'électron est éloigné du noyau plus il transporte d'énergie. Les électrons libèrent de l'énergie (de la lumière) quand ils se rapprochent du noyau. Ils absorbent de l'énergie (de la lumière) quand ils s'éloignent du noyau. Cette énergie c'est une onde de lumière, une onde électromagnétique, une perturbation de l'espace en forme de vague constituée d'un champ électrique et d'un champ magnétique. Elle peut être mesurée avec sa longueur d'onde.

La force électromagnétique est transportée par des particules virtuelles de lumière, les photons. Ces perles de lumière, les photons, repoussent toujours les charges identiques, attirent les charges contraires et ignorent totalement les particules qui ne portent aucune charge électrique et que l'on dit neutres. « La quasi-totalité des phénomènes électromagnétiques que nous connaissons s'explique par cette règle simple. Notre corps composé d'atomes possède globalement une charge nulle. Si elle ne l'était pas, notre corps serait attiré par les aimants » écrit Christophe Galfard.

Il n'existe pas de paroi capable de maintenir un électron prisonnier. Il pourra toujours la traverser par un effet tunnel quantique, c'est-à-dire la capacité d'une particule à passer d'un côté d'une barrière à l'autre, sans avoir l'énergie requise. C'est pourquoi on ne sait pas aujourd'hui stocker de l'électricité.
Pourquoi le sol est-il solide alors qu'il y a tant d'espace entre les électrons et le noyau des atomes ? Les responsables sont les électrons qui structurent tous les atomes de l'univers :
Seuls deux électrons peuvent emplir la première couche, la plus proche du noyau. Une fois cette couche remplie seuls huit électrons peuvent ensuite s'installer sur la seconde couche, dix-huit sur la troisième couche, et trente-deux sur la quatrième etc. Le degré de saturation de la couche extérieure d'un atome est à la base des propriétés chimiques et mécaniques d'un atome.
« Deux atomes peuvent partager leurs électrons, mais d'après la règle de non cohabitation de Pauli, Prix Nobel 1945, les ondes que sont les électrons ne se chevauchent jamais. Le principe de Pauli explique pourquoi nous ne traversons pas le sol ou les planchers de nos maisons. Le plancher est fait d'atomes dont les électrons refusent de partager leur place et nous permettent ainsi de tenir debout.
Pourquoi pouvons-nous traverser l'air ? Parce que l'air est un gaz. Dans un gaz, les molécules ne sont pas toutes accrochées les unes aux autres. Dans un solide, elles le sont. Dans les liquides, les molécules sont un peu plus étroitement liées que dans les gaz, mais pas assez pour vous stopper, sauf si vous arrivez trop vite et ne leur laissez pas le temps de se déplacer », complète Christophe Galfard.
Deux autres champs quantiques remplissent l'univers et expliquent la quasi-totalité de ce que nous savons de la matière.

La force forte, la seconde des trois forces fondamentales de la nature, n'a d'effets qu'à très courte distance mais l'interaction forte est le champ quantique le plus puissant que nous connaissions dans la nature, des centaines de fois plus puissant que les photons qui font se coller ou s'éloigner des aimants dans le champ électromagnétique.

Elle détermine la manière dont les quarks se combinent pour former les protons et les neutrons, donc les noyaux des atomes. Elle confine les quarks et est à l'origine de la majorité de la masse des protons et des neutrons. Elle permet aux noyaux des atomes d'exister. Ce champ est une mer qui se superpose à celle du champ électromagnétique et dont les gouttes sont des quarks et des gluons plutôt que des électrons et des photons. Les porteurs de l'interaction forte sont appelés les gluons. De même que photons et électrons peuvent se transformer l'un en l'autre, gluons et quarks peuvent aussi se transformer l'un en l'autre.

Personne n'a encore jamais vu un quark mais 99,97 % de la masse de nos corps sont des quarks et des gluons ! Contrairement au champ électromagnétique dont les particules élémentaires, les électrons, sont toujours identiques dans l'univers, le champ fort possède des quarks différents. Tous les protons de l'univers sont faits de deux quarks « up » et de deux quarks « down ». Le champ de l'interaction forte tient les quarks ensemble dans les protons et les neutrons, tandis que la force nucléaire forte, qui en est une conséquence, tient les protons et les neutrons ensemble. C'est une force d'attraction.

Il existe un troisième champ quantique, le champ de la force nucléaire faible, la troisième force fondamentale de la nature. Le champ faible est responsable de la radioactivité, qui est la fission spontanée d'un noyau atomique, l'opposé de sa fusion. Les quanta de base du champ de la force faible sont les neutrinos. C'est une force naturelle, destructrice, qui brise les atomes, défait ce que les deux autres champs quantiques ont fait. Marie Curie a obtenu le prix Nobel de physique pour la découverte de la radioactivité en 1903 et le prix Nobel de chimie en 1911 pour la découverte du radium et du polonium, deux atomes radioactifs.

Dans la radioactivité, des particules très énergétiques fusent. Le neutrino est éjecté par la désintégration du noyau de plutonium. Il ne possède pas de charge électrique. Les neutrinos n'interagissent avec le reste du monde qu'à travers le champ quantique nucléaire faible.

Ils sont totalement insensibles à l'électromagnétisme et à la force forte. Pour eux les atomes sont des vides, qu'ils traversent presque sans entrave. Les neutrinos sont généreusement émis par le soleil. Ils nous traversent puis traversent la terre comme si nous n'avions pas existé.
Sur terre de nombreux atomes se désintègrent en permanence et les particules alors émises créent de la chaleur. Cette radioactivité n'est pas nocive à faible dose, mais tue à forte dose. La dangerosité des matières radioactives, telles le plutonium, l'uranium, le radium, le polonium, qui sont des atomes lourds instables, est due aux particules expulsées lors de leur désintégration. La lumière éjectée est un photon très énergique, un rayon Gamma qui peut briser des molécules comme l'ADN créant des cancers ou des mutations génétiques. Ces rayons de lumière qui nous traversent sont invisibles pour les yeux mais visibles pour la technologie.
L'énergie atomique issue de la fusion ou de la fission des noyaux implique des énergies extrêmes que l'humanité cherche à capter. Aujourd'hui, c'est la fission d'atomes lourds qui est utilisée dans les centrales nucléaires de production d'électricité, alors que les étoiles pratiquent la fusion d'atomes légers d'hydrogène pour forger des noyaux plus lourds grâce aux températures de plusieurs millions de degrés qui règnent dans les étoiles. La fusion d'atomes libère énormément d'énergie, beaucoup plus que la fission d'atomes, en relation avec l'interaction forte,

La théorie de la grande unification

Les accélérateurs de particules ont été créés pour détecter des particules nouvelles, que l'on a effectivement détectées. Les prix Nobel de Physique de 1979 Glashow, Weinberg et Salam ont affirmé que le champ électromagnétique et le champ faible seraient issus d'un champ électrofaible qui se serait scindé en deux dans le passé de l'univers. Les particules élémentaires de ce champ ont été découvertes dans les années 70. Higgs a reçu le prix Nobel en 2013 pour avoir prédit l'existence du champ de Higgs et de ses particules. Le champ de Higgs et le champ de l'interaction forte sont à l'origine de la totalité de la masse connue de toutes les particules de l'univers.

Ils ouvrent la voie à l'unification des forces connues dans la nature avec l'idée qu'une force régissant tout a pu exister par le passé. Cette idée sous-tend presque toute la recherche fondamentale actuelle en physique.

Conclusion

On a hâte, bien sûr, de connaître la suite de l'histoire, fût-elle un peu technique. L'épopée moderne de la science de l'univers est une extraordinaire aventure de pensée et de créativité. La science rejoint d'une certaine manière le merveilleux.

Mon professeur de collège avait raison : « un homme cultivé doit avoir lu la Bible » et mon camarade de Sciences Po n'avait pas tort : le « miracle grec » est fondateur. La philosophie grecque, les religions et les sagesses nées il y a deux mille ans, parfois plus tôt, parfois plus tard, furent extraordinairement créatives, générant des pensées profondes sur lesquelles vit l'humanité.

Mais la créativité est aujourd'hui scientifique. La révolution récente de la physique a changé notre conception de l'univers et d'autres révolutions scientifiques se préparent. La biologie génétique et de l'intelligence artificielle vont changer la condition de l'homme dans les prochaines décennies. C'est une autre histoire qui n'est pas encore écrite. La science aura sans doute besoin des sagesses antiques et de l'humanisme de Rabelais : « Science sans conscience n'est que ruine de l'âme ».

Je l'ai déjà dit et j'y reviens. L'attention extrême qu'ont portée à la science physique des hommes littéraires, cultivés et non scientifiques, montre suffisamment que la connaissance générale des grandes problématiques scientifiques relève désormais de la culture commune.

4. Quelques dates depuis le Big Bang

Pour ordonner ses idées et les utiliser à bon escient, connaître quelques dates et fixer les choses dans le temps est bien utile. La science nous permet depuis quelques décennies de remonter le temps de plus en plus loin. Voici une sélection de dates qui vaut ce qu'elle vaut, et pas plus…

Avant Jésus-Christ :

- 13,8 milliards d'années : le big bang et la création de l'univers
- 4,5 milliards d'années : création du système solaire
- 3,5 milliards d'années : apparition de la vie sur terre
- 200 millions d'années : apparition des mammifères
- 65 millions d'années : disparition des dinosaures
- 300 000 ans : apparition de l'homo sapiens en Afrique
- 17 000 ans : les fresques des grottes de Lascaux représentatives de l'art pariétal européen
- 10 000 ans : apparition de l'agriculture
- 3000 ans : construction des pyramides d'Égypte
- 490 ans : la bataille de marathon en Grèce (début du siècle de Périclès)
- 323 ans : mort d'Alexandre le Grand (début de la période hellénistique)
- 220 ans : début de la construction de la grande muraille de Chine
- 44 ans : mort de Jules César
- 28 ans : début de l'Empire Romain (avec Octave, qui deviendra Auguste)

Après Jésus-Christ :

- 312 : conversion de l'empereur romain Constantin au christianisme
- 476 : fin de l'Empire romain d'occident
- 800 : sacre de Charlemagne

- 1270 : mort de saint Louis (pendant la huitième croisade)
- 1453 : fin de l'Empire romain d'orient (l'Empire byzantin)
- 1492 : découverte de l'Amérique
- 1519 : mort de Léonard de Vinci (à Amboise, en France)
- 1687 : découverte de la loi de la gravitation par Newton
- 1750 : mort de Jean-Sébastien Bach
- 1778 : mort de Voltaire et Rousseau
- 1791 : mort de Mozart
- 1815 : Waterloo
- 1859 : théorie de l'évolution de Charles Darwin
- 1915 : théorie de la relativité générale d'Einstein
- 1958 : début de la Ve République française
- 1969 : l'homme marche sur la Lune
-
-
- 7 milliards d'années : fin du soleil

Pour aller plus loin :

Christophe Galfard, *L'Univers à portée de main*, Flammarion, Juin 2015 (auquel j'ai beaucoup emprunté)
Aurélien Barrau, *Big-Bang et Au-delà - Les nouveaux horizons de l'univers*, Dunod, 2016
Carlo Rovelli, *Et si le temps n'existait pas*, Dunod, 2014
Carlo Rovelli, *L'Ordre du temps*, Flammarion, 2018
Trinh Xuan Thuan, *Le Chaos et l'harmonie*, Fayard, 1998
Trinh Xuan Thuan, *La mélodie secrète*, Fayard, 1998
Trinh Xuan Thuan, *Dictionnaire amoureux du Ciel et des Étoiles*, Plon Fayard, 2009
Trinh Xuan Thuan, *La plénitude du vide*, Albin Michel, 2016

CHAPITRE III

L'HISTOIRE DE L'ART EST AUSSI UNE HISTOIRE DES IDÉES

Selon le paléoanthropologue Pascal Picq, le corps de la femme serait à l'origine du sens de la beauté chez l'être humain. Je ne sais pas si c'est vrai mais c'est une jolie idée.

L'art, qu'il soit peinture, architecture, sculpture, musique, design, photographie ou cinéma a partie liée avec la pensée et l'aventure humaine. Sa naissance est mystérieuse. Il aide à vivre. L'art est à l'évidence une clé d'entrée dans la culture.

Chaque époque a ses idées artistiques, longtemps mythologiques ou religieuses. Malraux, qui avait le génie de la formule, a titré son grand ouvrage sur l'art « La Métamorphose des Dieux », suggérant qu'après avoir été au service des Dieux, l'art a pris son autonomie.

L'objet de ce chapitre n'est pas d'écrire une histoire de l'art mais de remarquer, après d'autres, que l'art est aussi une histoire des idées et des représentations humaines du monde. Leur revue est aussi prétexte à revisiter les grands moments qui ont marqué l'art occidental : l'art pariétal du paléolithique, l'art antique, l'art chrétien, l'art de la renaissance, l'art moderne.

Chacun de ces moments est associé à une vision du monde qu'il est passionnant d'identifier. L'évolution de l'art révèle et reflète le parcours intellectuel et culturel de l'occident.

1. Les grands moments de l'art occidental

L'art accompagne la pensée de l'occident. Il suit cette pensée ou la devance. Ce qui est vrai pour l'Occident est vrai des autres civilisations.
Ainsi, la religion musulmane qui nait en 622 après Jésus-Christ, avec l'Hégire, interdit les images dans les espaces religieux. Les images sont assimilées à des impuretés ou à une concurrence de la création divine. C'est un choix religieux fort, déterminant. L'exclusion de la représentation humaine détournera les artistes musulmans de l'imitation du réel. Ils développeront alors les motifs géométriques, les arabesques, la ligne et la couleur que l'on retrouve dans les tapis et dans la décoration de l'Alhambra de Grenade. « L'imaginaire est privilégié sur le réel. L'ombre et la lumière ne sont pas différenciés » écrit E. Gombrich.
En Chine aussi la religion et la philosophie conditionnent l'art. Le Bouddhisme né en Inde au Ve siècle av. J.-C. se répand en Chine et influence profondément l'art chinois. L'art religieux est au service de la méditation plutôt qu'à celui de la vie de Bouddha et des sages chinois. La peinture, comme la poésie concourent à la méditation. Les artistes chinois font le choix de la courbe et de l'ondulation. L'art rappelle aussi les grandes vertus d'un âge d'or avec un souci de morale et de respect des ancêtres.
Mais revenons à l'histoire des représentations occidentales.

Les fresques des grottes de Lascaux réalisées dix-sept mille ans avant Jésus-Christ sur le territoire de l'actuelle France ou celles d'Altamira à peu près à la même époque en Espagne ont une force émouvante. Elles prouvent que l'Homo Sapiens, l'homme de Cro-Magnon, était déjà un artiste complet. Ces fresques représentatives de l'art pariétal coïncident avec l'arrivée d'Homo Sapiens sur le territoire européen, quarante mille ans av. J.-C. Cet art subsiste jusqu'à la fin de l'ère glaciaire, dix mille ans av. J.-C. Certaines peintures de la grotte Chauvet ont été réalisées il y a trente-six mille ans. Ces chefs-d'œuvre nous interrogent. Ils témoignent aussi qu'il n'y a pas de progrès en art.

Fait remarquable, l'art pariétal du paléolithique est resté homogène de l'Oural à l'Espagne pendant près de trente mille ans. Cet art fait des choix de représentation très forts, qui expriment inévitablement quelque chose de la vision des hommes de cette époque. Alain Testart a mené une étude systématique de ces choix dans *Art et religion de Chauvet à Lascaux.*

L'art pariétal du paléolithique est un art animalier, qui ne représente pas le paysage, ni la végétation, ni l'homme, ni les scènes de chasse, contrairement à l'art rupestre présent sur d'autres continents. Il abonde de symboles féminins et de symétries. Le sol n'est jamais peint ni gravé. Les animaux sont peints de profil dans la quasi-totalité des représentations. Les fresques sont réalisées dans des grottes difficilement accessibles et non habitées à l'époque. Alain Testart suggère, en se fondant sur la répétition des représentations, que la grotte symbolise le monde des origines qui sort du chaos et la fécondité. Hors de la grotte, dans le monde de la lumière, apparaît la vraie vie, celle des hommes et des femmes, qui n'oublient pas leur origine et reviennent la représenter par des fresques sur les murs de ces grottes inhabitées.

Gombrich, qui inspire l'essentiel de ce qui suit avec son ouvrage classique *Histoire de l'art*, ajoute que la motivation de ces fresques est liée à la croyance, qui a traversé les siècles, que l'image est plus qu'une représentation, elle est une force, une création magique qu'il faut maîtriser.

Avec l'apparition de l'agriculture vers dix mille ans avant Jésus-Christ commence l'antiquité. **L'art antique occidental** est dominé par l'art égyptien, l'art grec et l'art romain. L'art égyptien stable pendant trois mille ans influence l'art grec qui sera à son tour un modèle pour les romains. « Il existe une tradition directe qui unit l'art de notre temps à l'art né dans la vallée du Nil il y a cinq mille ans » écrit Gombrich.

L'art égyptien fait, comme l'art pariétal, des choix très forts, fruits d'une conception du monde et de la vie après la mort. « Les égyptiens croyaient que pour que l'âme pût continuer à vivre dans l'au-delà, le corps devait être conservé. C'est pour cette raison qu'ils inventèrent un système compliqué pour embaumer les corps et édifièrent des pyramides pour abriter les momies royales. La reproduction de l'image du roi contribuait à garantir son éternité. Ces ouvrages n'étaient pas destinés à être appréciés mais à maintenir en vie. C'est à nouveau l'idée que dans une image il y a plus que l'image elle-même. L'artiste ne s'intéressait qu'à l'essentiel, négligeant les détails. Ce qui comptait n'était pas que ce fût beau, mais que ce fût complet. Chaque chose devait être représentée sous l'angle le plus caractéristique. La tête se voit mieux de profil, aussi est-elle dessinée de côté. L'œil est dessiné de face, de même que la partie supérieure du corps. Mais les bras et les jambes sont représentés de profil. Le pied est représenté sous son profil intérieur. Il est jugé nécessaire de faire apparaitre chaque membre. Le chef est représenté plus grand que ses serviteurs. L'artiste ne cherche pas à représenter ce qu'il voit mais ce qu'il sait. Personne ne demande à l'artiste d'être original. Pendant près de trois millénaires les égyptiens appliquent des règles de représentation presque immuables ».
En Égypte comme plus tard en Chine ou à Constantinople l'artiste ne cherche pas l'originalité. La régularité géométrique combinée à une observation de la nature caractérise l'art égyptien. Malgré les contraintes qu'il s'impose et qui découlent de la représentation de l'au-delà des égyptiens, l'art des pharaons avec ses temples et ses pyramides, nous impressionne. Ses représentations humaines et tendres de la femme et du couple nous émeuvent.

« **Pour la première fois en Grèce**, vers le VIIe siècle av. J.-C., le pied est représenté de face, tel qu'il se présente. Dès l'instant où l'ancienne règle égyptienne de la représentation est brisée, tout est remis en question. La grande révolution de l'art grec est la découverte des formes naturelles et du raccourci, mais pas encore de la perspective.

Les artistes grecs restent influencés par l'art égyptien. Ils aiment le dessin précis et la disposition équilibrée. Mais alors que l'art égyptien a encore une forme de raideur et un manque de naturel, l'art grec a conservé la beauté et l'art de la composition des Égyptiens en y ajoutant la liberté et le naturel, produisant cette simple et parfaite harmonie que le monde a connue par l'art grec du Ve siècle av. J.-C. ».
Les grecs ont placé l'homme au cœur de leurs réflexions. L'architecture (les fameux temples grecs), la sculpture et la poterie grecque de l'antiquité hellénique où « l'homme est la mesure de toute chose » exaltent la beauté des corps idéalisée par la raison.
La révolution grecque commencée, rien ne l'arrêtera. Elle sera reprise à la renaissance. La sculpture imite le corps humain et l'idéalise en même temps. Des corps aussi bien bâtis, aussi beaux que ceux des statues grecques (la Vénus de Milo ou l'Apollon du Belvédère par exemple) n'existent pas souvent dans la nature.

Les Romains admirent et intègrent la culture grecque en y ajoutant leur esprit pratique. L'harmonie et la beauté ne sont plus le but essentiel. Les ouvrages d'art des romains, les ponts, les aqueducs, les arènes, les amphithéâtres, ont un caractère plus utilitaire mais sont splendides. Ainsi des grandes constructions qui marquent la grandeur de Rome, le Colisée, les aqueducs, les arcs de triomphe. Les romains inventent l'arcade et la voûte, telle celle du Panthéon de Rome, absentes des édifices grecs et décorent les monuments avec les ordres doriques, ioniques et corinthiens créés par la Grèce. Cette combinaison de la structure romaine et des trois ordres grecs marque l'architecture jusqu'à nos jours. Les romains ont besoin de portraits ressemblants et non idéalisés où ils excellent.
L'empereur romain Constantin, se convertit au christianisme en 312 ap. J.-C. C'est un évènement considérable quand on songe aux persécutions des chrétiens pendant les trois siècles précédents et à la légitimité nouvelle du christianisme sur un immense territoire. Peut-être Constantin est-il sensible à la dimension universelle du christianisme qui présente bien des avantages politiques. Une

nouvelle représentation du monde s'impose tandis que le monde antique prend fin. On passe de la Rome du forum à la Rome des basiliques. Le temple n'est plus destiné à accueillir la statue du Dieu mais à réunir les fidèles. C'est le début des basiliques, avec un cœur, une nef et des bas-côtés. Les premiers architectes chrétiens rejettent les statues qui rappellent les idoles païennes condamnées par la Bible.

L'Église catholique fait au Ve siècle après Jésus-Christ, mille ans après le « miracle grec », un choix décisif pour **l'art chrétien** et l'art occidental. Elle recourt à la peinture, à la sculpture et à l'architecture pour raconter de manière pédagogique, avec clarté l'histoire de la Bible et la vie de Jésus. Ce choix n'allait pas de soi. Il existe toute une tradition religieuse hostile aux images et à la représentation de Dieu. Le choix chrétien est d'aller à l'essentiel, au sacré, à la simplicité, au prix d'une certaine raideur dans les représentations. L'artiste ne cherche pas à imiter la nature ou le naturel comme les grecs ni à réaliser des portraits ressemblants comme les romains. Il se concentre sur ce qui donne de la force au récit. Avec le gothique du XIIIe siècle, « les statues proclament de haut une vérité solennelle ».

« Il faut bien saisir les immenses possibilités qui s'ouvrent aux artistes quand ils renoncent à représenter la nature. L'artiste est libre. Il n'a pas à respecter les proportions qui sont sans importance. Ce refus de représenter le monde réel permet une représentation efficace du monde surnaturel. Pour la clarté du récit chaque figure est représentée en entier. Les peintres du Moyen Âge ne se préoccupaient pas de la couleur vraie ni des formes réelles, ni du traitement de la lumière. Mais la limpidité de la composition, l'harmonie naturelle est une qualité de l'art médiéval et de la peinture gothique. La tapisserie de Bayeux qui représente la conquête de l'Angleterre par les Normands est un bon exemple de cette clarté d'expression de l'art du Moyen Âge chrétien d'occident.

Les égyptiens représentent ce qu'ils savent exister, les grecs ce qu'ils voient, et les chrétiens ce qu'ils éprouvent » conclut Gombrich.

La Renaissance

Giotto à Padoue, près de Venise, ouvre au XIIIe siècle une nouvelle ère de la peinture : « il ne s'agit plus de représenter un épisode sacré avec le maximum de puissance et de clarté mais de représenter une scène de la vie réelle. Les deux conceptions ne sont pas nécessairement incompatibles. Mais la tâche de l'artiste change ».

L'Italie n'avait jamais vraiment adopté le style gothique venu du nord de la France. À partir de 1400, au Quattrocento, les artistes de Florence rompent franchement avec l'art gothique du moyen-âge. Les architectes Brunelleschi et Alberti, les sculpteurs Donatello et Ghiberti, les peintres Uccello, Fra Angelico, Masaccio, Mantegna, Botticelli ferment la page du Moyen-âge et ouvrent celles de la Renaissance. En s'inspirant de la coupole du panthéon romain pour le dôme de la cathédrale de Florence, Brunelleschi abandonne le style gothique. La Marie Madeleine pénitente de Donatello, une sculpture en bois, n'a plus « la beauté impersonnelle des saints gothiques dont le regard semblait tourné vers un autre monde », mais une puissance dramatique inédite. Le David de Donatello de 1430, nu avec un sourire énigmatique et une pose recherchée est le premier grand bronze fondu depuis l'Antiquité. Aux récits clairs de l'art gothique se substitue quelque chose de nouveau, de sensuel et de complexe.

La Renaissance est l'âge du traitement scientifique de la perspective, de l'étude de la nature et de l'anatomie, de la redécouverte de l'architecture et de la sculpture de l'Antiquité, de la rupture avec le gothique international, de la représentation du corps humain dans toute sa beauté. Ces découvertes posent des difficultés nouvelles. La conquête du visible nécessite de concilier la rigueur du dessin avec l'harmonie de la composition.

C'est la génération italienne des années 1500, celle du Cinquecento, qui va trouver la solution et porter l'art italien à un sommet qui émerveille encore le monde. Les florentins Léonard de Vinci, Michel-Ange et Raphaël, les vénitiens Bellini, Giorgione, Titien, Le Tintoret et Véronèse réussissent la synthèse de l'harmonie gothique et de l'apparence de la vie grecque, avec un équilibre de la composition qui fonde le classicisme italien.

Léonard de Vinci considère que l'artiste doit explorer le monde visible. « Dans la célèbre fresque de la Cène à Milan, il représente l'épisode biblique du dernier repas de Jésus avec ses apôtres. Il garde l'harmonie de la peinture gothique tout en atteignant une vérité et une vie inédites, cet équilibre qu'avaient recherché sans l'atteindre les peintres du siècle précédent.

Dans les années 1400, les figures ressemblaient encore un peu à des statues. Fra Angelico et Ghiberti sont encore partiellement dans la tradition gothique. Ils ont assimilé la modernité de la renaissance, la perspective et la nature, mais la stricte fidélité à la nature que recherchaient les maitres du Quattrocento (les années 1400), Masaccio, Rogier van Der Weyden, Botticelli, Mantegna, Van Eyck, nuit à l'harmonie et à la sérénité, et les œuvres ont encore quelque chose d'âpre et de figé ».

Mona Lisa, la Joconde de Léonard de Vinci semble vivante. Léonard a trouvé la solution, il accorde le dessin avec la composition et laisse quelque chose à deviner, quitte à renoncer à une imitation fidèle de la nature que recherchaient les peintres des années 1400.

Michel-Ange comme Léonard de Vinci part à la conquête du monde vivant et notamment de la représentation du corps de l'homme. Le plafond de la Chapelle Sixtine au Vatican, achevé en 1514 représente l'acte de la création avec une mise en scène à la fois grandiose, simple et harmonieuse, d'une extraordinaire force de conception. Michel Ange donne aussi la vie à ses œuvres et réalise le tour de force d'émouvoir avec des statues en marbre.

Raphaël atteint lui aussi ce que la génération précédente du Quattrocento avait recherché : une harmonie parfaite avec des mouvements qui semblent naturels. Ses madones atteignent l'harmonie, la vie, la plénitude. Elles sont un sommet du classicisme italien comme l'avaient été les sculptures grecques du Ve siècle avant Jésus-Christ. La composition est simple et claire, les tableaux expriment la vie en idéalisant la nature et la beauté autant qu'ils la représentent.

Les peintres florentins s'intéressaient plus au dessin, à la perspective et à la composition qu'à la couleur. Les peintres de Venise du Cinquecento, Bellini, Giorgione, Titien, Le Tintoret, Véronèse privilégient la couleur et à la lumière au dessin.

Au Nord de l'Europe la Réforme protestante de Luther et Calvin, hostile au luxe et à la peinture religieuse, marque l'art nordique du XVIe siècle. Le domaine de la peinture se réduit. Les arts déclinent en Allemagne. Les Pays-bas surmontent la crise de la Réforme et exploitent la supériorité des flamands sur les italiens pour représenter avec précision les détails.

Il y a un contraste traditionnel entre l'art italien et l'art du nord de l'Europe. Les artistes italiens excellent dans la perspective et la beauté du corps humain. Les florentins ont élaboré une méthode pour reproduire la nature avec une précision scientifique, par la connaissance de l'anatomie et la perspective, le raccourci et l'étude des ruines romaines. Les artistes nordiques excellent eux dans le rendu des matières, des objets, des fourrures, des étoffes. Ils sont restés fidèles pendant tout le XVe siècle à l'art gothique tardif, moins préoccupés que l'art italien d'un idéal de beauté et d'harmonie. Les artistes flamands des années 1400, Jan Van Eyck (*Les époux Arnolfini*), Rogier Van der Weyden, Hugo Van der Goes, ont suivi une méthode opposée à celle des italiens, ajoutant les détails pour reproduire le monde visible. Jérôme Bosch émerge aux Pays-Bas en faisant le choix, comme l'allemand Grünewald, de ne pas chercher à se rapprocher de la réalité mais à décrire puissamment un monde imaginaire et mystique. Au XVIe siècle, les Pays Bas ne produisent pas autant de maîtres de premier plan, sauf Pierre Bruegel l'ancien, le plus grand peintre flamand du XVIe qui excelle dans la représentation de la vie quotidienne.

Albrecht Dürer (1471-1528) en Allemagne reprend les conceptions italiennes de la Renaissance avec la conscience aigüe que la seule représentation de la nature ne suffit pas à donner l'illusion de la vie et la création de la beauté, caractéristique de l'idéal italien. Matthias Grünewald (1475-1525) l'autre génie allemand de la peinture du XVIe siècle reste fidèle à l'approche gothique ou médiévale : il préfère négliger l'observation stricte de la nature pour se concentrer sur la force du message religieux et spirituel si prégnante dans ses christs et son *Retable d'Issenheim.*

Après Léonard, Michel Ange, Raphaël et Titien qui peignirent au début du XVIe siècle, il était difficile pour la génération suivante de faire mieux. Tintoret la fin du XVIe siècle à Venise abandonne la sereine harmonie des formes et des couleurs du classicisme italien pour exprimer le pathétique avec un angle nouveau. Le Greco va encore plus loin dans cette voie en Espagne au début du XVIIe siècle et peint « à la recherche d'une vision dramatique et émouvante. Un dessin correct et précis n'aurait jamais pu exprimer avec autant de puissance véhémente sa vision du jugement dernier ». Ces peintres annoncent le baroque porté par la contreréforme catholique au XVIIe siècle.

Le XVIIe est le siècle du baroque en Europe, sauf en France

Au XVIIe siècle, l'église catholique est confrontée à la réforme protestante initiée un siècle plus tôt, à partir de 1520 par Martin Luther. Elle va utiliser l'art baroque et son potentiel dramatique et émotionnel pour se démarquer du protestantisme et se renouveler. Le baroque du XVIIe siècle est l'art de la contreréforme catholique engagée par le concile de Trente (1530-1560), du nom de la ville de Trente située dans le nord de l'Italie.

Là où l'architecture protestante favorise le recueillement, refuse le luxe et proscrit les images, l'architecture baroque catholique suggère la vie, l'intensité dramatique et théâtrale, communique une vision céleste et séduit par la richesse et l'abondance de moyens. Le baroque naît en Italie et rencontre un grand succès en Allemagne, en Autriche et en Espagne. L'or, le marbre et les décors abondent comme en témoignent le reliquaire de la basilique saint Pierre réalisé par le Bernin, le décor de l'abbaye de Melk en Autriche, le transparent de la cathédrale de Tolède en Espagne.

Le Bernin (1598-1680), architecte et sculpteur, est le grand représentant italien de l'art baroque. On lui doit notamment la place

saint Pierre à Rome. Il pousse très loin l'expression mystique dans la sculpture *Sainte Thérèse en extase* réalisée pour l'église de la Vittoria à Rome. Une grande partie de la ville de Rome non antique a une architecture baroque.
Le peintre flamand Rubens à Anvers exprime la vie, la couleur et le mouvement. Van Dyck illustre avec Rubens dont il est le principal assistant, la peinture baroque flamande.
Le XVIIe siècle est l'âge d'or hollandais où le commerce, la philosophie avec Spinoza, la peinture baroque avec Rembrandt sont à leur apogée. Rembrandt est baroque par l'intensité de ses tableaux et leur vie et par son utilisation du clair-obscur qu'il emprunte à l'italien Caravage. Il ne cherche pas à peindre la beauté ou la richesse. La saisissante Ronde de Nuit fait le portrait de dix-huit membres d'une milice civile dans un style dynamique, nouveau à cette époque (1641). Il semble toujours nous révéler la personne elle-même, mettant la vérité et la sincérité au-dessus de la beauté et de l'harmonie.
Le baroque espagnol, comme la peinture espagnole en général adopte une tonalité tragique avec Le Greco, Velasquez, Zurbaran, et plus tard Goya quand l'Italie est théâtrale et globalement plus joyeuse ou plus sereine.
La France de Louis XIV, on l'a dit, se démarque et impose dans une Europe baroque son propre style classique, bien représenté par la colonnade de la cour carrée du Louvre, dessinée par Claude Perrault, (le frère de Charles, auteur des *Contes*) et le classicisme en peinture de Nicolas Poussin.

Avec le XVIIIe siècle, le siècle des Lumières et l'accent mis sur la raison, on met en pratique des règles et on fait renaitre le style grec en architecture. C'est la fin de la grande période de l'art italien.
« L'Angleterre du XVIIIe construit des maisons de campagne plutôt que des palais en écartant les extravagances baroques. Les architectes anglais reviennent aux règles de l'architecture antique, dans le style palladien du nom d'Andrea Palladio (vers 1550) mais refusent le jardin à la Française.

Reynolds (1723-1792) en Angleterre s'appuie sur des règles savantes et académiques et l'étude des grands maitres. Il peint des sujets ambitieux empruntés à la mythologie et à l'histoire ancienne. Gainsborough (1727-1788) se distingue de Reynolds à la même époque par des qualités de fraicheur et ses paysages. L'opposition de Reynolds et de Gainsborough est de même nature que le contraste entre Carrache (1560-1609) qui s'inspire du classique Raphaël et les clairs-obscurs du Caravage (1575-1610).
En France, Antoine Watteau (1684-1721) émerge aux premières décennies du XVIIIe siècle avec ses divertissements champêtres ; comme Rubens, il exprime la vie mais avec une intensité particulière et une pointe de tristesse. Après le faste de Versailles, il exprime dans ses fêtes un gout délicat et intime. Chardin (1699-1779) peint des scènes paisibles de la vie populaire, sans recherche d'effets. Fragonard (1732-1806) reprend les thèmes de Watteau. David s'inspire de l'antique et élimine ce qui n'est pas essentiel à l'effet principal. La Révolution française clôt le XVIIIe et ouvre le XIXe siècle ».

Au XIXe siècle, après la primauté de la raison et des Lumières du XVIIIe, le romantisme change de prisme et s'attache aux sentiments, à l'amour, à la nature et à la mort.
Dans la seconde moitié du siècle, les impressionnistes Manet, Monet, Van Gogh, Gauguin, Matisse, Degas, Pissarro, Cézanne, Renoir, Bonnard, Seurat et quelques autres, s'attachent à restituer la lumière. Paris devient la capitale artistique de l'Europe comme Rome le fut au XVIIe siècle, Florence au XVe siècle et Athènes au Ve siècle av. J.-C.
En Angleterre l'opposition entre Turner (1775-1851) et Constable (1776-1837) ressuscite le contraste entre Reynolds et Gainsborough du XVIIIe. Turner obtient les honneurs officiels, étudie les peintres du passé et exprime le romantique, le sublime de la nature. Constable ne se soucie que de vérité et qu'à son œil.
Ils illustrent un va et vient intemporel dans l'art occidental : « La peinture poursuit le même but depuis des siècles : elle imite la nature et la lumière avec le souci de la beauté soit en recherchant les effets

émouvants ou dramatiques, soit en décrivant la nature avec honnêteté et vérité tout en suggérant les faces cachées de la nature » complète Gombrich.

Le XXe siècle est celui de la liberté totale en art. Le tableau de Picasso de 1907, *Les Demoiselles d'Avignon* signe probablement la naissance de l'art moderne. Picasso abandonne la représentation réaliste des corps, il les disloque et déconstruit la perspective en superposant les éléments. Quand on a rejeté progressivement toute transcendance, que la nouvelle religion est celle de l'humanisme, que tout ce qui ne nuit pas aux autres est la mesure de la morale, un champ immense s'ouvre, un bouillonnement, où presque tout est permis jusqu'à l'absurde et au néant : Malevitch représentant un carré blanc sur un fond blanc. Les ruptures et les recherches et les supports artistiques se multiplient. Le surréalisme de Dali issu de la découverte de l'inconscient par Freud, le cubisme de Picasso, l'art abstrait, le « street art », l'art punk et bien d'autres mouvements se succèdent à un rythme inédit. Les supports se diversifient : matériaux, photo, cinéma. Le design renouvelle le mobilier. Les grattes ciels modernes rompent avec des siècles de tradition en rejetant tout ornement. Les architectes Frank Lloyd Wright et Le Corbusier font primer la rationalité, l'usage et la fonction. Le XXe siècle est le siècle de l'analyse. C'est peut-être aussi la fin d'un cycle. Quand on a poussé à ce point l'introspection et la psychologie, quelle peut être la nouvelle étape ? Serait-ce la recherche d'une nouvelle transcendance comme l'avait suggéré Malraux ?

Conclusion

« Tout artiste avec des idées est obligé de déformer la nature. L'art c'est de la déformation. Il n'y a pas d'œuvre d'art véritablement réaliste » écrit le peintre et sculpteur colombien Botero. Ce pourrait être une conclusion à ce voyage dans les idées qui ont présidé à l'art occidental.

Remarquons que la floraison des génies est souvent concentrée dans le temps sur un territoire donné, comme si les grands créateurs avaient besoin de se connaitre, de se rencontrer, de se stimuler dans un cadre favorable. Ce n'est pas propre à l'art : les grandes sociétés internet sont toutes nées en quelques décennies près de Palo Alto et de l'université de Stanford à soixante-dix kilomètres au sud de San Francisco. Leurs créateurs Steve Job, Bill Gates et d'autres se connaissaient. Certains économistes américains ont baptisé « clusters » ces territoires qui produisent des moments créatifs à certaines périodes.
Ainsi, au XIXe siècle, la France brille par sa littérature et sa peinture. Il est facile d'énumérer une vingtaine de très grands écrivains de Chateaubriand, Hugo, Zola, Balzac, Stendhal, Flaubert, Baudelaire, à Verlaine et bien d'autres. On peut faire le même exercice avec Manet, Monet, Renoir, Cézanne et toute l'école des peintres impressionnistes... Ces hommes se connaissent, échangent et se stimulent. Zola, le petit immigré italien, est un ami d'enfance du jeune Cézanne issu de la bourgeoisie d'Aix en Provence.
En revanche peu de grands noms français émergent en musique au XIXe siècle hors Berlioz. L'Allemagne au contraire produit au même moment une floraison de génies musicaux (allemands et autrichiens, l'unité allemande ne date que de 1870) : Bach, Mozart, Beethoven, von Weber, Mendelssohn, Schubert, Schumann, Brahms, Liszt, Haydn, Wagner, Strauss. Quel siècle de musique ! Bach est mort en 1750, Mozart en 1791, Beethoven en 1821, Schubert en 1830, Wagner en 1883, Liszt en 1886. Au XXIe siècle, le monde entier écoute chaque jour les œuvres de ces compositeurs.
En Italie, au même moment, c'est l'âge d'or de l'opéra italien avec Rossini (*Le Barbier de Séville*), Bellini *(La Norma),* Donizetti *(Lucia di Lammermoor),* Verdi (*Aida, Nabucco, La Traviata*), Puccini (*La Bohème, Tosca, Madame Butterfly).* C'est comme si l'Italie trouvait dans l'opéra au XIXe siècle un aboutissement de son goût pour un art théâtral et spectaculaire présent dans son histoire et son architecture et que ces hommes s'étaient fait la courte échelle pour élever leur art.

Et puis, sans que l'on sache très bien pourquoi, les sources créatives se tarissent et renaissent ailleurs. Le cinéma italien a brillé de mille feux pendant quelques décennies après la seconde guerre mondiale avec Vittorio De Sica, Roberto Rossellini, Federico Fellini, Bernardo Bertolucci, Paolo Pasolini, Franco Zeffirelli, Luchino Visconti, Luigi Comencini, Ettore Scola, Sergio Leone, Roberto Benigni… et puis s'en est allé.

« Il faut que tout change pour que rien de change » dit Tancrède avec le visage d'Alain Delon, au prince de Salina, interprété par Burt Lancaster dans le *Guépard* de Visconti en 1963. Peut être est-ce aussi le propre de l'art.

2. Roman et gothique : le besoin de renouvellement occidental

En Orient, l'art peut rester stable pendant de longues périodes. L'occident, peut-être structurellement inquiet et insatisfait, tiraillé par la diversité de ses influences, est toujours à la recherche d'idées nouvelles, de nouveautés, de remises en cause et de progrès. Les styles artistiques se succèdent rapidement. Ainsi, le XIIe siècle est le siècle du roman, des croisades et de la rencontre de l'Occident avec l'empire Byzantin. Les images solennelles des byzantins impressionnent les occidentaux. « L'art européen roman se rapproche à ce moment de l'art oriental byzantin, avec une forme de raideur, de solennité et de rigidité égyptienne » écrit Gombrich.

Mais déjà, le XIIIe siècle est le siècle du gothique qui remet en cause l'art roman. Et « le XIVe a le goût du raffinement plus que de la grandeur. Il impose le style gothique international qui sera le dernier style commun à tous les pays d'Europe ». La Renaissance remet en cause le style gothique et revient aux sources antiques avec le classicisme italien du XVIe siècle. Et dès le XVIIe siècle, le baroque se substitue au classicisme italien dans l'Europe catholique.

Le roman et le gothique sont deux grands moments de l'art, des sommets artistiques, qu'on appelle parfois des âges d'or, qui ne sont pas si nombreux. Observons qu'ils coïncident avec l'âge d'or de la Chevalerie, les XIIe et XIIIe siècles, qui valorisent l'idéal aristocratique, l'aventure chevaleresque, l'amour courtois et les chansons de geste (la *Chanson de Roland, Lancelot, Perceval…)*, écrites en langue romane. L'évolution du roman vers le gothique illustre le besoin de changement caractéristique de l'art occidental.

L'art roman est tourné vers la terre et les reliques. L'art gothique s'élève vers le ciel. Le roman est un plutôt un art rural de monastère quand l'art gothique est plutôt l'art des villes et des cathédrales. L'art roman et ses arcs en demi-cercle, est un emboitement de formes quand l'art gothique met en œuvre des forces et des poussées, une logique d'ingénieurs, où la croisée d'ogives transfère le poids de la voute sur les colonnes soutenues par des arc boutants et allège les murs. L'art roman et l'art gothique n'ont pas recourt aux mêmes icônes : la Crucifixion, la Descente de Croix et la Vierge sont rarement représentées dans l'art roman, alors qu'elles sont privilégiées dans l'art gothique, remarque l'anthropologue Alain Testart.

L'art roman est né dans le sud de l'Europe, en Italie, en Espagne et dans la France méridionale, vers l'an 1000. L'art gothique est d'abord un art de l'Ile de France avec deux premières réalisations au XIIe siècle, Saint Denis à quelques kilomètres au nord de Paris et la Cathédrale Saint Etienne de Sens au sud de Paris. Le gothique ne s'est jamais véritablement implanté en Italie, même s'il en existe de très beaux exemples comme la cathédrale de Milan. La Florence de Brunelleschi rompt au Quattrocento avec le gothique et renoue avec la tradition romaine de la coupole.

Observons avec un brin de fierté que l'art gothique est l'une des grandes contributions de la France à l'art, avec trois autres créations majeures : l'architecture classique du XVIIe siècle de Louis XIV (le château de Versailles, les Invalides, la Cour Carrée du Louvre, l'Hôtel Dieu et la Charité de Marseille, etc.), la peinture française notamment impressionniste de la fin du XIXe siècle (Monet, Manet, Gauguin, Cézanne, Degas, Pissarro, Matisse...) et la littérature française de manière quasiment ininterrompue depuis le XVIe siècle.

3. Classicisme et baroque, deux tendances intemporelles de l'art

Louis XIV a eu la tentation du baroque. Comme l'Eglise catholique, il a utilisé le prestige de l'art pour manifester sa puissance. Il invita en grande pompe au début de son règne, Le Bernin, l'artiste baroque italien le plus célèbre de son temps, pour agrandir le palais du Louvre. Le buste de marbre que Le Bernin a réalisé de Louis XIV et que le roi Soleil n'a pas aimé est typique de l'art baroque. Le projet classique de la Colonnade du Louvre de Claude Perrault fut finalement préféré au palais baroque du Bernin pour finaliser la Cour carrée et Voltaire au siècle suivant put écrire :

« À la voix de Colbert, Bernini vint de Rome ;
De Perrault dans le Louvre il admira la main.
Ah ! dit-il : si Paris renferme dans son sein
Des travaux si parfaits, un si rare génie,
Fallait-il m'appeler du fond de l'Italie ».

Le palais de Versailles construit entre 1660 et 1680, est baroque par ses proportions spectaculaires, que Bernin aurait pu valider. « Ne me parlez de rien qui soit petit » disait-il. Mais Versailles est classique par son style et ses colonnes ioniques.

L'évolution du classique au baroque, comme celui du roman au gothique illustre la puissance des idées sur l'art mais aussi le besoin de renouvellement constant de l'art occidental. Nous l'avons déjà dit, l'art européen du XVIe siècle est classique quand celui du XVIIe siècle est baroque.

La France de Louis XIV fait exception : elle est classique dans une Europe baroque. « Les français ne font jamais rien comme tout le monde » disaient mes collègues allemands dans le groupe industriel où je travaillais.

Le classicisme peut se définir par la clarté, l'équilibre, la stabilité. La couleur est au service de la forme. Le classicisme est un équilibre harmonieux entre la réalité et l'idéal de la perfection. Ordre, mesure, précision, simplicité, satisfaction de l'intelligence, règles officielles le caractérisent. Louis XIV demandait que l'on aille « dans le détail de tout ». Le risque du classicisme est l'académisme intellectuel et froid.

Le baroque met en valeur le mouvement, la tension, le rythme, la vie. Le baroque est l'art de la profondeur, de l'irrationnel, du déséquilibre. Majesté, héroïsme, pathétique, souci d'émouvoir, tendresse, féminité, gloire, souffle et liberté le caractérisent. Le risque du baroque est le pathos. « Le but est de susciter une impression globale, indépendante des choses représentées » écrit Heinrich Wölfflin dans *Principes fondamentaux de l'histoire de l'art.*

Ainsi définis, les mouvements artistiques qui se succèdent peuvent être vus comme deux tendances qui alternent dans toute l'histoire de l'art. Avec cette lecture, le romantisme du XIXe siècle s'inscrit dans la tradition baroque. Il succède au classicisme du XVIIIe siècle, après le baroque du XVIIe qui suit le classicisme italien du XVIe (Léonard de Vinci, Raphaël). Un éternel recommencement et un constant renouvellement, fruits peut être, dans notre cerveau, d'un équilibre entre notre hémisphère gauche rationnel et notre hémisphère droit émotionnel et impulsif.

André Malraux et Jacqueline de Romilly ont observé trois tendances intemporelles dans l'art : le surnaturel inspiré par la vision divine, le classicisme qui met l'homme et le héros au centre, et l'individualisme qui privilégie la psychologie.

Malraux cherche dans l'art une transcendance qui dépasse l'esthétique. Son plus bel ouvrage sur l'art, *La Métamorphose des Dieux,* est structuré en trois tomes *Le Surnaturel, L'Irréel* et *L'Intemporel* où Dieu, puis l'homme et enfin l'individu prennent successivement l'ascendant :

– *Le Surnaturel* : c'est le temps du sacré, de l'éternel, de l'inaccessible, de la foi et de la pensée théologique. Le roman et le gothique relèvent bien sûr ce cadre, inspiré par le divin ;

– *L'Irréel* : c'est le triomphe de l'homme, de l'art classique et de l'humanisme. Le héros succède au saint et au prophète. Le monde profane est idéalisé et rivalise avec la création divine. La foi s'humanise. La

Florence classique du XVIe siècle est une civilisation de l'esprit et Donatello idéalise ses modèles par une irréelle beauté ;
– *L'Intemporel* : rompt avec le monde idéalisant de l'irréel. C'est le temps de l'individu, des sentiments et de la psychologie, le temps de l'art romantique ou baroque.
Jacqueline de Romilly dans *Patience mon cœur : l'essor de la psychologie dans la littérature grecque classique,* décrit aussi une évolution de l'art et de la littérature en trois temps, le temps de Dieu, le temps de l'homme et du héros et le temps de la psychologie ou de l'individu.
« L'intervention des dieux nous révèle en fait la raison même pour laquelle Homère marque si peu de curiosité à l'égard des mobiles psychologiques : c'est que l'homme homérique n'est pas encore conçu comme la source de son acte. Les dieux mènent le jeu et dispensent le poète ou l'artiste de rechercher des explications d'ordre psychologique ».
Au Ve siècle avant Jésus-Christ, trois siècles après Homère, l'intérêt est centré sur l'homme. « C'est le cas dans la philosophie, mais aussi de l'histoire qui se libère du mythe avec Hérodote puis du surnaturel avec Thucydide qui écarte toute explication mettant en cause des volontés divines. C'est le mouvement décisif qui rattache tout à l'action de l'homme, à ses sentiments, à ses passions, à sa raison. Au lieu de la justice divine on a la psychologie humaine… Des Dieux à l'homme, puis de la cité aux individus, l'évolution n'a cessé d'inviter les auteurs à tenir de plus en plus compte des motifs et des complexités du cœur humain ».

« Cet affranchissement de l'homme par rapport aux Dieux puis de l'individu par rapport au groupe s'est répété dans l'histoire. À la fin de l'antiquité, le christianisme est un retour aux interventions sacrées. La pensée redevient plus théologique que psychologique. Les genres qui fleurissent au Moyen Age, la chanson de geste, qui est une forme d'épopée rejoignent ceux du début de la Grèce. Après l'art religieux du Moyen Age, l'art classique inaugure le temps de l'homme, puis l'individualisme s'en mêle et les peintres se donnent pour mission d'exprimer directement leurs propres rêves, leurs impressions ou leurs colères. L'impressionnisme est le grand exemple. »

« Et si ce n'était que la peinture. Mais la musique passe du religieux au profane, puis à l'expression de sentiments, la rêverie, l'angoisse, l'amour, le désespoir. »
« Il y a deux façons de raconter une histoire. On peut la raconter du dehors, comme une suite de gestes et de paroles, derrière laquelle chacun restitue un être vivant. Ou bien, on peut la raconter du dedans, comme une suite de débats, engageant des espérances et des frayeurs. L'acte était essentiel en Grèce du Ve siècle et il l'était encore plus chez Homère. Dans notre littérature, de la *Princesse de Clèves* à la *Recherche du Temps Perdu*, l'acte n'a plus été l'essentiel », la psychologie, l'analyse des sentiments le sont devenues.

Pour aller plus loin :

Ernst H. Gombrich, *Histoire de l'art*, traduit de l'anglais par J. Combe et C. Lauriol, Gallimard, 1977
René Huygue, *Sens et Destin de l'Art*, Flammarion, 1967
André Malraux, *La Métamorphose des Dieux*, Gallimard, 1984
Pascal Picq, Philippe Brenot, *Le Sexe, l'Hommes et l'Évolution*, Odile Jacob, 2009
Jacqueline de Romilly, *« Patience mon cœur » : l'essor de la psychologie dans la tragédie grecque*, Plon Agora 1994
Alain Testart, *Art et religion de Chauvet à Lascaux*, NRF Gallimard, 2016
Heinrich Wölfflin, *Principes fondamentaux de l'histoire de l'art*, Éditions Gérard Montfort, 1994

CHAPITRE IV

LA CULTURE DES LETTRES

1. La littérature française

Plusieurs milliers de langues sont parlées dans le monde. Peu d'entre elles ont une littérature avec de grands écrivains que l'on continue à lire longtemps après leur disparition. La littérature française fait incontestablement partie de ce club prestigieux qu'il n'est pas si facile de définir.

Le cercle des grandes littératures comprend bien sûr la littérature anglaise. Shakespeare, Byron, Dickens, Wilde, Kipling pour l'Angleterre, Poe, London, Melville, Buck, Faulkner, Nabokov, Hemingway, Steinbeck pour les Etats-Unis et bien d'autres écrivains lui ont donné ses lettres de noblesse.

La littérature allemande avec Goethe, Schiller, Novalis, Heine, Mann… joue aussi dans la cour des grands comme la littérature italienne (Dante, Pétrarque, Boccace, Moravia, Buzzati, Eco…) et la littérature espagnole (Cervantès, Garcia Lorca, Neruda, Marquez, Paz…).

La grande littérature russe est plus récente mais s'est imposée d'emblée parmi les très grandes au XIXe siècle avec Pouchkine, Gogol, Tolstoï, Tourgueniev, Dostoïevski, et Tchekhov.

Il faut ajouter la littérature grecque antique dont nous avons beaucoup parlé et la littérature latine (Cicéron, Virgile, Horace, Ovide…) qui s'en inspire.

Dès que nous abordons l'Asie et le Moyen-Orient, les repères littéraires nous manquent en occident. Avouons-le modestement. La reconnaissance de l'Occident pour la littérature asiatique est récente.
La Chine a obtenu son premier prix Nobel de littérature en 2000 avec Gao Xinjiang, suivi en 2012 par le prix de Mo Yan. Kawabata Yasunari a obtenu pour le Japon un premier prix Nobel de littérature en 1968 suivi par celui d'Ôe Kenzaburô en 1994. L'Inde a obtenu un seul prix Nobel de littérature mais tôt, en 1913, avec Rabindranath Tagore qui écrivait en langue Bengali.
Le recueil des contes populaires des *Mille et Une Nuits,* avec Shéhérazade, Aladin, Ali Baba, Sinbad le Marin, rédigés en langue arabe au Moyen-âge à partir de contes persans et indien eut un immense succès en Europe au XIXe siècle mais ne fait pas partie, pour les arabes, de la grande littérature semble-t-il.
Revenons à la France.
La littérature française est éblouissante depuis cinq siècles. De grands écrivains reconnus et lus dans le monde entier se succèdent sans interruption depuis le XVIe siècle. Ils ont en France un statut politique et social. Ils contribuent de manière déterminante au rayonnement de la France. Ils portent presque toujours la marque de leur siècle. Le XVIe siècle est celui de l'humanisme et de la poésie. Le XVIIe siècle est le grand siècle de la littérature et du théâtre français. Le XVIIIe siècle est celui des idées et des intellectuels. Le XIXe siècle est le temps du romantisme (l'amour, la mort, la nature) puis du roman.
Aussi, la littérature française est-elle sans hésitation une clé d'entrée culturelle, qui justifie sa place dans notre petit guide. Comme l'art, la littérature française accompagne l'histoire des idées.

Le XVIe siècle est à la fois le temps des guerres de religions et de l'humanisme, une association qui interpelle. Les hommes de la Renaissance sont des poètes et des érudits. Montaigne l'humaniste, témoin des guerres de religion, écrit dans *Les Essais* : « je pouvais à peine me persuader, avant de l'avoir vu, qu'il eût existé des âmes si monstrueuses pour inventer des tortures inusitées, sans inimitié, à seul fin de jouir de l'amusant spectacle ». Rabelais (*Pantagruel, Gargantua*) complète Montaigne avec son célèbre et toujours actuel adage humaniste « science sans conscience n'est que ruine de l'âme ».

Ce qui est certain, c'est que la prose de Montaigne et la poésie de Ronsard placent d'emblée le français dans la grande littérature au moment où l'ordonnance de Villers-Cotterêts de François Ier impose en 1539 le français dans les textes officiels.

Nous avons tous appris les sonnets (deux quatrains et deux tercets !) et les vers de Ronsard :

Vivez si m'en croyez, n'attendez à demain,
Cueillez dès aujourd'hui, les roses de la vie

et ceux de Du Bellay :

Où sont ces doux plaisirs qu'au soir sous la nuit brune
Les Muses me donnaient...
Cette divine ardeur je ne l'ai plus aussi
Et les Muses de moi comme étranges s'enfuient

Ronsard et Du Bellay pour la poésie, Rabelais, Malherbe et Montaigne pour la prose préparent les sommets littéraires classiques du siècle suivant.

Il faut attendre **le XVIIe siècle,** le siècle de Louis XIV (qui règne de 1661 à 1715), le « grand siècle », pour la naissance du théâtre français. On parle d'emblée de miracle comme on a parlé de miracle grec avec le théâtre d'Eschyle, de Sophocle et d'Euripide. Les chefs-d'œuvre du théâtre et de la poésie se succèdent en quelques décennies. Les grands écrivains de ce siècle ont été conscients de vivre un moment exceptionnel comparable à celui d'Auguste dans l'Empire romain.

Paul Bénichou dans *Morales du grand siècle* donne une clé de lecture utile du théâtre français du XVIIe : Corneille incarne selon lui la morale aristocratique, Molière décrit la morale de la bourgeoisie et Racine est inspiré par la morale janséniste.

Corneille avec deux tragédies, *Le Cid* et *Polyeucte,* met en scène l'héroïsme, la volonté et l'amour. Molière révolutionne la comédie en décrivant avec naturel et vérité le monde qu'il vit (*Dom Juan, l'Avare, Le Misanthrope, Le Tartuffe, Le Malade imaginaire*). Racine écrit huit chefs-d'œuvre tragiques en dix ans, dont *Andromaque, Bérénice, Iphigénie et Phèdre.*

Pascal le janséniste, proche de Port Royal de Paris, attaque les jésuites avec dix-huit pamphlets, *Les Provinciales*, modèles de clarté distribués secrètement la nuit et que tout Paris lit. Il marque la philosophie religieuse avec ses *Pensées* (le pari de Pascal), la science avec ses expériences sur la pression atmosphérique et ses recherches mathématiques.

La Fontaine, ami de Molière, de Racine et de Boileau, publie ses *Fables.* Il faudrait citer aussi parmi beaucoup d'autres, La Bruyère et ses Maximes, Bossuet et ses oraisons funèbres, Charles Perrault et ses contes, son ennemi Boileau (« tout ce qui se conçoit bien s'énonce clairement »), Madame de La Fayette et sa P*rincesse de Clèves,* le premier roman psychologique.

Louis XIV devait avoir bien du talent artistique et littéraire pour s'entourer si magistralement.

Au XVIIIe siècle, les intellectuels et la raison se substituent à la poésie, au théâtre et peut être au génie littéraire du Grand siècle : « on va chanter un peu plus bas. On se débarrasse de la poésie qui s'effondre. Le plaisir, l'élégance, la raison prennent sa place. Les idées fleurissent dans les salons » écrit Jean d'Ormesson. La littérature française du XVIIIe siècle est d'abord une littérature d'idées qui prépare sans l'avoir voulue, la Révolution française. Ce n'est pas rien. C'est le siècle des Lumières. La langue française devient la langue diplomatique européenne. Toute l'Europe cultivée parle et écrit le français.

Montesquieu théorise la séparation des pouvoirs dans *De l'esprit des lois* publié en 1748. Diderot écrit, avec d'autres, l'*Encyclopédie.* Voltaire, le premier dans notre tradition d'intellectuels français, incarne l'intelligence de son siècle plus que la littérature, mais écrit néanmoins des contes à succès *Zadig, Micromégas,* et *Candide* que l'on continue à lire. Rousseau son contraire, solitaire pétri de contradictions, mais qui a du génie, annonce les idéologies à venir. Au nom de la volonté générale, son « on forcera l'homme à être libre » préfigure le communisme. « L'homme nait bon, c'est la société qui le corrompt » a des accents écologistes. Son roman, *La Nouvelle Héloïse*, un des plus grands succès romanesques du XVIIIe siècle, anticipe le romantisme du siècle suivant. Enfin, *Du contrat social* est une pièce maitresse de la philosophie de la Révolution française qui débute onze ans après sa mort.

Au XIXe siècle, la littérature française brille de mille feux après le retrait relatif du siècle précédent. L'amour, la nature et la mort sont au cœur de la poésie romantique avec Alphonse de Lamartine, Alfred de Vigny, Gérard de Nerval, Alfred de Musset et Victor Hugo. *Le Génie du christianisme* apporte à Chateaubriand la gloire de son vivant. Les *Mémoires d'Outre-tombe* publiés après sa mort consacrent le très grand écrivain.

Dans la seconde moitié du siècle, les romans décrivent un monde, le monde de la *Comédie humaine*, titre de l'œuvre de Balzac. Son *Père Goriot* et *Eugénie Grandet*, *La Chartreuse de Parme* et *Le Rouge et le Noir* de Stendhal, *Madame Bovary* et *L'Éducation sentimentale* de Flaubert décrivent des facettes et des profils de la société française. Les nouvelles de Maupassant *Le Horla* et *Boule de suif* et le cycle des *Rougon-Macquart* de Zola s'inscrivent dans cette lignée. Zola, ami d'enfance de Cézanne à Aix-en-Provence saisit sur le vif la vie des ouvriers du XIXe siècle dans *Germinal* et *L'Assommoir.* La poésie traverse le siècle sans jamais faiblir avec le grand Baudelaire (*les Fleurs du mal*), Rimbaud, et Verlaine :

Qu'as-tu fait, ô toi que voilà
pleurant sans cesse,
Dis qu'as-tu fait, toi que voilà,
de ta jeunesse ?

Au théâtre, Edmond Rostand clôt le siècle en 1897 avec *Cyrano de Bergerac* et sa fameuse tirade du nez que toute une génération apprendra par cœur :

Descriptif : c'est un roc… c'est un pic… c'est un cap !
Que dis-je c'est un cap ?… c'est une péninsule

Au XXe siècle la France obtient le plus grand nombre de prix Nobel de littérature. Sully Prudhomme, Frédéric Mistral, Romain Rolland, Anatole France, Henri Bergson, Roger Martin du Gard, André Gide, François Mauriac, Saint-John Perse, Albert Camus, Jean Paul Sartre ont été honorés. Albert Camus, fils de parents illettrés, prix Nobel de littérature, quel exemple ! Au XXIe siècle, Jean-Marie Le Clézio en 2008 et Patrick Modiano en 2014 obtiennent la prestigieuse et un peu irréelle récompense, comme l'a commenté Patrick Modiano, à la réception de son prix. La poésie reste à un niveau exceptionnel avec les surréalistes Apollinaire, Breton, Éluard, Aragon. Et il faudrait citer bien d'autres écrivains de premier plan : Alain Fournier et son grand Meaulnes, Charles Péguy et ses *Cahiers,* tous les deux morts au combat de la première guerre mondiale, Marcel Proust et sa *Recherche du Temps perdu* et plus tard André Malraux, Paul Valéry, Paul Claudel, Joseph Kessel, Bernanos et Céline.
En France, l'écrivain occupe une place particulière dans la vie politique et sociale. Les philosophes des Lumières Voltaire, Diderot, Rousseau qui ont préparé, sans la vouloir, la Révolution française, sont des écrivains et des littéraires. Sous la Ve République, quatre des huit présidents de la République sont de grands littéraires : Charles de Gaulle a laissé, avec les *Mémoires de guerre* et les *Mémoires d'espoir,* une œuvre littéraire de premier plan. Georges Pompidou était agrégé de lettres classiques, major de sa promotion. Il aimait se ressourcer dans la poésie et a publié une *Anthologie de la poésie française*. François Mitterrand était un passionné de littérature et de romans où il a peut-être puisé une partie de son personnage romanesque. Emmanuel Macron a été lauréat du concours général de français, ce qui n'est pas rien. Valérie Giscard d'Estaing, scientifique plus que littéraire, est entré à l'Académie française.

« Il n'est pas sans conséquence qu'en France comme dans la Russie tsariste, la politique soit fille de la littérature » écrit Jacques Julliard. Les gens de lettres sont porteurs des Lumières et du savoir. Au XIXe siècle Chateaubriand, Tocqueville, Lamartine, Hugo ont fait de la politique. L'article *J'accuse* d'Emile Zola publié en 1998 dans le journal *l'Aurore* fait écho à celui de Voltaire dans l'affaire Calas un siècle plus tôt. Il vaudra à Zola l'exil pour échapper à la prison et lança l'affaire Dreyfus qui fut un tournant de la vie politique française et le passage à gauche de l'antimilitarisme, qui était depuis la Révolution plutôt une idée de droite !

2. Les deux sortes de romans

Georges Pompidou, Premier ministre du général de Gaulle de 1962 à 1968, puis président de la République de 1969 à 1974 est un normalien de la rue d'Ulm, agrégé de lettres classiques. Il a écrit en 1955 une préface sur André Malraux qui donne au détour de quelques phrases, sans crier gare, une clé de lecture, d'analyse et de mise en perspective de toute la littérature romanesque.

Georges Pompidou, dans ce texte court, définit deux types de romans. Ceux qui décrivent une situation, la société, des individus ou encore l'auteur du roman. À ce courant immense se rattachent Victor Hugo, Balzac ou Stendhal par exemple. Face à ces romans descriptifs, Georges Pompidou oppose une seconde catégorie de romans, ceux qui sont avant tout une interrogation sur le destin de l'homme, le sens de la vie et de la mort, l'angoisse de l'homme devant sa destinée. À ce courant « tragique » se rattachent Shakespeare, Pascal, Dostoïevski et Malraux.

Avant de lire un passage de la préface de Georges Pompidou, rappelons qu'André Malraux né en 1901 et mort en 1976 est essentiellement autodidacte. Son père se suicide en 1915. Il publie très jeune des romans à succès : *Les Conquérants* en 1928, *La Voie Royale* en 1930, *La Condition Humaine* en 1933 qui obtient le prix Goncourt. Ces trois romans ont pour cadre la Chine et pourtant le dessin profond de Malraux n'est pas la description de la Chine. Après la guerre d'Espagne de 1936 à laquelle il participe, André Malraux publie *L'Espoir*. Aventurier, écrivain, homme politique, André Malraux sera ministre de la culture, de 1959 à 1969 sous la présidence du général de Gaulle, ce qui n'est pas anodin pour un autodidacte.

Voici un extrait du texte de Georges Pompidou :

« Malraux puise dans son expérience. Mais expliquer *La Condition humaine* par l'expérience chinoise et *L'Espoir* par l'expérience espagnole est superficiel, même si la Chine et l'Espagne sont le cadre du roman.

Malraux ne peint ni la société, ni les individus, ni lui-même. Il déplore et glorifie la condition de l'homme. Sa lignée n'est pas Victor Hugo, ni Balzac, ni Stendhal ; c'est Shakespeare, Pascal ou Dostoïevski. Le roman moderne est un moyen d'expression privilégié du tragique de l'homme et non une élucidation de l'individu. C'est le sens et l'origine de cette angoisse qui pèse sur l'œuvre romanesque et permet de comprendre action et personnages.

L'angoisse de Malraux est née, pensons-nous, le jour où le catéchisme a cessé s'exprimer pour lui la vérité… Elle l'obligeait une fois perdue la foi chrétienne élémentaire, à chercher de quoi répondre aux aspirations que le christianisme précisément satisfait chez les croyants et qui sont pour l'homme de se sentir solidaire de ses semblables en même temps qu'entrainé dans un drame qui dépasse l'humanité et trouve son sens dans ce dépassement…

Malraux ne va pas à l'aventure mais à la recherche. Dans l'Asie d'abord où le sollicitent la pensée bouddhiste et la révolution populaire, dans les luttes fraternelles de Chine puis d'Espagne, dans le combat de la résistance, dans le gaullisme, dans l'art enfin, il cherche… une satisfaction à des besoins qui sont toujours les mêmes : besoin de fraternité, recherche de ce qui est au-dessus de l'homme, ce pourquoi on pourrait vivre et qui est ce pour quoi l'on meurt.

C'est pourquoi si souvent, Malraux confronte ses héros avec la mort. Pourquoi l'homme serait-il prêt à risquer sa vie, où est sa dignité ? Trouver en dehors de toute religion le moyen pour l'homme de se dépasser, réintégrer dans l'agnosticisme la notion de sacré tel est l'objet de la quête de Malraux comme jadis de Nietzsche et qu'il poursuit aujourd'hui dans ses recherches sur l'art…

Disons pour résumer que le drame de Malraux est métaphysique. Son œuvre exprime tel que l'a imaginé Pascal le tourment de l'homme sans Dieu… Elle est un combat avec le destin.

Mais elle est aussi œuvre d'art.

Dans sa construction d'abord en apparence négligée… cherchant dans la juxtaposition des scènes comme dans leur variété à donner

l'impression de vérité et de profusion tout en utilisant au maximum l'art des contrastes et de la gradation.
Il est de même des personnages dont aucun ou presque n'est fouillé comme un "caractère" de roman classique qui apparaissent plus comme des silhouettes, des ombres qui passent... créant un monde dont la vérité psychologique éclate plus dans l'ensemble que dans l'individu. Ces personnages, suivant les lois de ce hasard dirigé qui s'apparente à la fatalité et qui est celui du théâtre de Shakespeare, des romans de Dostoïevski ou des peintures de Goya traversent la scène laissant après eux des images sommaires mais inoubliables.
Romans de situation plus que d'intrigue où les êtres se trahissent dans l'action ou par leurs réactions plus qu'ils sont analysés dans leur état d'âme, où l'atmosphère même n'est créée qu'en fonction de l'obsession métaphysique, sans rien de gratuit...
Il n'est pas jusqu'au style, haché, saccadé, accumulation d'images qui ne donne la même impression de désordre calculé. »

Pour aller plus loin :

Jean d'Ormesson, *Une autre histoire de la littérature française*, NL éditions, 1997-1998
Jean d'Ormesson, *Et moi je vis toujours*, Gallimard, 2017
Alain Pompidou et Eric Roussel, *Georges Pompidou. Lettres, notes et portraits, 1928-1974*, Robert Laffont, 2012

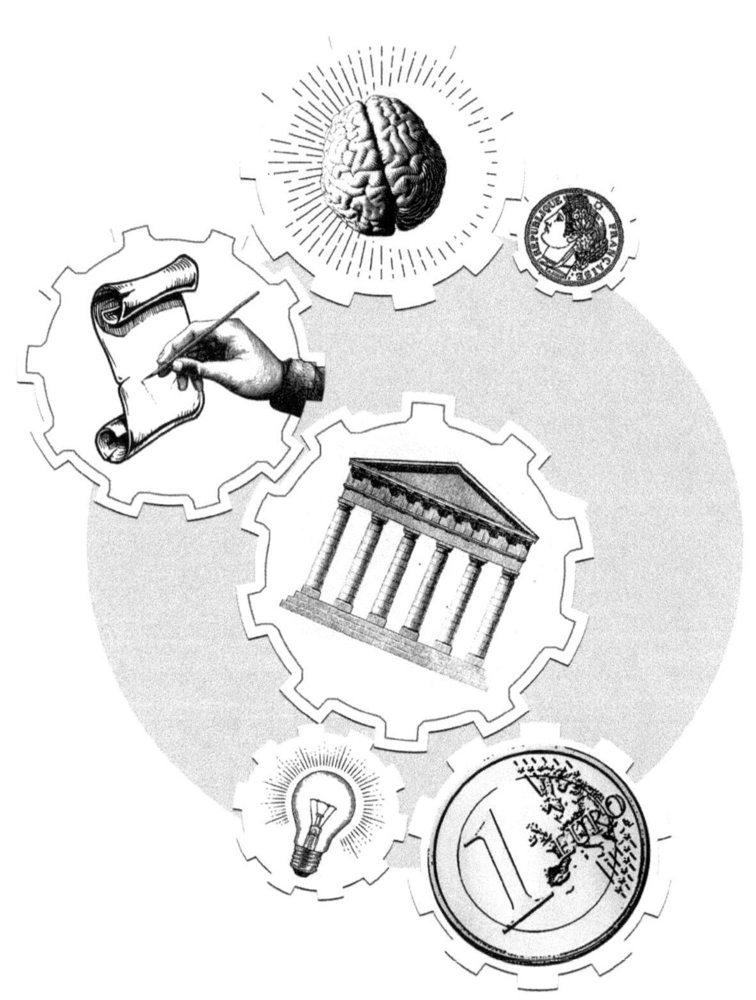
1
EURO

CHAPITRE V

LES IDÉES POLITIQUES ET ÉCONOMIQUES

Nos grands journaux nationaux, Le Monde, Le Figaro, Libération et nos radios, France Inter, Europe 1 et RTL évoquent presque quotidiennement les notions de régime présidentiel, de régime parlementaire, de démocratie libérale, d'économiste libéral, de siècle des Lumières, ou encore de sixième république.

Pour comprendre l'enjeu de ces mots, un petit retour sur l'histoire est utile. Prenons d'abord conscience que notre vie politique, nos partis, l'opposition de la droite et de la gauche sont issus de la Révolution française. Avant 1789, ces notions n'existaient pas.

Pour la première fois en 1789, un grand pays, la France, doté d'une monarchie absolue, les Capétiens bourbons, fait table rase des principes religieux sur lesquels étaient fondées depuis des millénaires les règles des sociétés. Les idées des philosophes des Lumières, émises sous les règnes de Louis XV et de Louis XVI en France ont fait école. Les droits « naturels » de l'homme se substituent au droit divin qui était la source de la légitimité. Le pouvoir revient au peuple, l'organisation de la société résulte d'un contrat social.

Le *Bill of rights* anglais de 1215 et la Constitution américaine de 1776, posaient déjà de grands principes modernes, mais pour des sociétés spécifiques, l'Angleterre et les Etats-Unis de leur temps. Le style et les mots de la courte *Déclaration des droits de l'homme et du citoyen* de 1789 changent la dimension. L'ambition est universelle et intemporelle. Comme la première page de *la Genèse*, qui dit beaucoup en peu de mots dans un style éblouissant, la *Déclaration* formalise avec une exceptionnelle concision un droit à vocation universelle qui rompt avec des millénaires de monarchies de droit divin. Il y a un avant et un après.

La mise en œuvre de ce programme a été chaotique en France. Trois révolutions ont éclaté au XIXe siècle après celle de 1789. Et ce n'est que depuis 1870 que la forme républicaine du régime constitutionnel français est stabilisée. Ainsi, les trois grandes idées politiques qui ont traversé le XIXe siècle, le libéralisme, puis la démocratie et enfin le socialisme sont chacune à l'origine d'un mouvement révolutionnaire en France.

La révolution de 1830 est libérale, son essence est la liberté. La révolution de 1848 est démocratique, son enjeu est l'égalité, le suffrage universel. La révolution de 1870, la Commune de Paris, est sociale.

Nous avons tendance, dans les démocraties libérales occidentales, à assimiler libéralisme et démocratie. Yuval Noah Harari parle dans *Homo deus* de « package libéral » comprenant démocratie, droits de l'homme, individualisme et économie libérale de marché. Il est important de comprendre qu'il existe pourtant un conflit potentiel, quasi philosophique entre l'égalité et la liberté, car l'égalité institutionnalisée par le suffrage universel, peut conduire à la tyrannie de la majorité et à la négation de la liberté.

En France où la tyrannie de la majorité a conduit d'emblée à la Terreur, à la dictature de Robespierre en 1793, puis à la synthèse napoléonienne qui était autoritaire et non libérale, ce conflit entre égalité et liberté est perçu de manière très aigüe. Le résoudre est au cœur de l'œuvre du français Tocqueville au XIXe siècle et de son ouvrage *De la Démocratie en Amérique.*

1. Le siècle des Lumières

« Je suis tombé par terre, c'est la faute à Voltaire, le nez dans le ruisseau, c'est la faute à Rousseau » chante Gavroche dans *Les Misérables* de Victor Hugo.
Voltaire et Rousseau sont en France, les philosophes des Lumières les plus connus et les plus admirés. Les reproches de Gavroche suggèrent que cette reconnaissance n'a pas toujours fait l'unanimité.
Plantons le décor à notre habitude. S'agissant des Lumières, il est important d'y voir clair…
Le siècle des Lumières c'est le XVIIIe siècle qui s'achève par la Révolution française de 1789. Les grands noms des Lumières sont les français Montesquieu, Voltaire, Rousseau, Diderot, D'Alembert, et Condorcet, l'anglais Hobbes et l'allemand Kant. La France a joué un rôle central dans ce mouvement européen d'idées. Elle doit aujourd'hui encore une partie de son rayonnement aux Lumières et à la Révolution française.
Chaque siècle a ses questions et son vocabulaire selon l'analyse séduisante de Jacques Julliard. Le grand mot du XVIIIe est « la nature » par opposition au « surnaturel », au religieux. Le mot clé du XIXe siècle est « le progrès ». Le XXe siècle retient le mot « démocratie ».
Le XVIIe siècle digère les terribles guerres de religion du XVIe siècle. C'est le siècle de Descartes, de Pascal et de Newton, très religieux et grands scientifiques, contemporains de Louis XIII et de Louis XIV. La fabuleuse révolution scientifique de la gravitation qui explique le mouvement des corps est contemporaine de Louis XIV !
Le XIXe siècle qui suit le siècle des Lumières est celui de Tocqueville, de Marx et de Hegel. Il promeut le libéralisme, la démocratie et le socialisme, trois grandes idées qui se succèdent, emportant avec elles le romantisme et le mouvement des nationalités. C'est beaucoup !
Entre ces deux siècles, les philosophes des Lumières ont préparé la Révolution de 1789 sans l'avoir voulue. Ils ne sont ni des démocrates, ni des libéraux. Diderot et Voltaire sont des adeptes du despotisme

éclairé. Ils soutiennent les monarchies éclairées. Mais ils combattent la religion : « écrasons l'infâme », écrit Voltaire pour conclure ses lettres en visant l'obscurantisme et la religion. Il faut bien voir qu'en mettant en cause la religion, le sacré ou le surnaturel qui étaient le fondement des monarchies de droit divin depuis des millénaires, il fallait les remplacer par quelque chose. Et il n'y avait pas beaucoup d'options. Ce sera la raison, les droits naturels de l'homme et le contrat social.

Dans un mouvement des Lumières, assez homogène, qui se veut éclairé par la connaissance et la raison, Voltaire et Rousseau, avec leurs défauts et leurs contradictions, incarnent de manière savoureuse et humaine deux tempéraments et deux traditions politiques auxquelles on ne cesse de se référer, tandis que l'allemand Kant est, selon l'expression de Jeanne Hersch, « le sommet et le dépassement des Lumières ».

Les Lumières valorisent la connaissance et la raison pour combattre l'obscurantisme religieux. La formidable découverte de la loi de gravitation universelle de Newton en 1687, à la fin du siècle précédent, donne la primauté à la connaissance scientifique.

La nature contre le surnaturel devient une idée force et *« une machine de guerre contre la religion »* écrit Jacques Julliard dans *Les Gauches Françaises* : « Tout ce qui est attribué à la nature est enlevé au surnaturel. Les lois de la nature sont mises en avant pour récuser la loi divine. Qui dit nature dit déterminisme. La célèbre phase de Montesquieu au début de *l'Esprit des lois* « Les lois sont les rapports nécessaires qui dérivent de la nature des choses » dit assez qu'à l'âge des Lumières on dit volontiers nature. Rousseau plus que tout autre a placé la nature sur son piédestal philosophique. »

Si l'organisation de la société ne dérive pas du droit divin, quelle peut être son fondement ? Les Lumières répondent : le contrat social. Inspirés par Locke, philosophe anglais du XVIIe siècle, Hobbes et Rousseau mettent le contrat social et l'intérêt au cœur du lien social. Le contrat valorise l'individu quand l'Ancien Régime mettait l'accent sur les valeurs communautaires, qui ont souvent une dimension affective ou sentimentale : la famille, la corporation, l'Église et l'État. Le contrat induit un nouveau droit rationnel, à l'image de la création des départements en 1790 qui découpe la France en quatre-vingt-trois entités similaires dessinées pour que chacun puisse se déplacer dans la journée au chef-lieu et qui se substituent à l'enchevêtrement des structures administratives de l'ancien régime.

La Révolution française s'inspire des Lumières mais s'en démarque aussi. « Pour les Encyclopédistes il faut réformer la monarchie et abattre l'Église. Pour les Révolutionnaires au moins jusqu'en 1791, il faut abattre l'Ancien Régime et réformer l'Église » écrit Jacques Julliard. Il y a quelque paradoxe dans ce retournement de l'histoire, car le christianisme, on l'a vu, promut le premier et avec une puissance exceptionnelle, les idées d'égalité et d'universalité. La réalité historique n'a bien sûr pas toujours été à la hauteur des principes. Et c'est une banalité d'observer que les fondements culturels du marxisme sont chrétiens, même si pour Marx, proche de Voltaire sur ce point, la religion est « l'opium du peuple ». On peut même soutenir que ce n'est pas un hasard si les démocraties libérales, et donc la notion de liberté, se sont presque toutes implantées sur une tradition grecque et judéo-chrétienne : « le repos biblique du septième jour est un temps libre y compris pour les domestiques dit la Bible hébraïque, l'histoire d'Israël est celle d'une libération et la passion de Jésus est une façon de libérer l'homme d'une captivité, à savoir les liens du péché » remarque Rémi Brague dans *Sur la Religion.*

Voltaire et Rousseau incarnent deux traditions et deux sensibilités de la Gauche française.

Voltaire et Diderot sont partisans du despotisme éclairé et conseillent Frédéric II de Prusse et Catherine II de Russie. Condorcet se défie du peuple quand il n'est pas éclairé par l'instruction. Les Lumières ne sont donc pas « de gauche » mais la Gauche qui est née au XIXe siècle se réclame des philosophes des Lumières.

Entre Rousseau et les encyclopédistes les différences sont profondes.

Voltaire représente le pôle optimiste des Lumières. Il conseille les despotes éclairés, promeut le culte de la raison, l'anticléricalisme, la liberté du commerce chère à Montesquieu. Il est une référence pour le courant libre échangiste, européen et des droits de l'Homme. Montesquieu repris par Voltaire est le père du libéralisme. Et « Condorcet transforme la raison un peu triste des Lumières fondée sur l'immuabilité de la nature, en croyance dynamique » pour Jacques Julliard.
Rousseau est l'exception pessimiste dans un mouvement des Lumières optimiste. Dans son Discours sur l'origine et les fondements de l'inégalité (1755) il décrit la décadence de l'humanité à partir d'un âge d'or. Son *Contrat social* est le père de la démocratie moderne. En quête d'absolu, nostalgique d'un paradis perdu, critique du progrès, soucieux d'égalité, sentimental, Rousseau annonce le romantisme politique du XIXe siècle, refuse le mercantilisme, fonde la tradition protectionniste, démocrate, écologiste, résistante au réel, au nom de l'absolu, que l'on retrouvera en mai 1968. La raison est individualiste mais le sentiment et les passions sont exaltés par les doctrines communautaires.
Depuis une trentaine d'années, en France, une certaine forme de pessimisme Rousseauiste succède à deux siècles d'optimisme et de foi dans le progrès. Le sociétal, l'environnement et la question de l'islam sont les nouveaux thèmes de fracture entre la droite et la gauche après que la forme du gouvernement, la place de l'Église catholique et le social ont dominé l'opposition de la droite et de la gauche pendant deux siècles.

Les Lumières sont un mouvement européen et pas seulement français. L'allemand Kant est sous doute le plus grand philosophe des Lumières par la profondeur de sa réflexion sur la condition humaine. « Il est le sommet et le dépassement des Lumières. Il a transformé radicalement et en profondeur les perspectives et les concepts de la pensée philosophique. C'est un géant de la philosophie du niveau de Platon par la radicalité de son étonnement et sa capacité de mettre à nu les conditions fondamentales de la condition humaine » écrit Jeanne Hersch dans *L'étonnement philosophique.*

« Kant s'étonne que la science puisse exister. Mais elle existe c'est un fait depuis les découvertes de Newton à la fin du XVIIe siècle. Il réfléchit au temps et à l'espace et conclut qu'ils n'existent pas en eux-mêmes. L'espace et le temps sont de la nature des idées. Cela change notre rapport au monde. Nous ne connaissons le monde que par l'espace et le temps, nous ne connaissons que des apparences, le monde des phénomènes et non des choses en soi. Kant pose alors trois questions, que puis-je connaitre ? que dois-je faire ? que m'est-il permis d'espérer ? qui sont les thèmes de ses trois ouvrages *Critique de la raison pure*, *Critique de la raison pratique* et *Critique du jugement*.
Nous ne pouvons connaitre que les phénomènes, nous ne pouvons rien savoir de ce qui n'est pas phénomène, répond Kant. Avec la question « Que dois-je faire ? », il pose celle de la morale et du devoir et répond qu'il faut s'appuyer sur « la bonne volonté des hommes et la liberté ». Antigone doit donner une sépulture à son frère malgré la peine de mort encourue. C'est la liberté du sujet moral. Il est possible d'agir en être libre puisque nous avons le sens du devoir : « Tu peux car tu dois ». Enfin la *Critique du jugement* répond qu'il est permis d'espérer un sens. Ce sens ne repose pas sur un savoir mais sur une croyance. »

Les Lumières ont profondément influencé la vie européenne. Depuis la Révolution française, le sens de l'histoire occidental est la sortie des sociétés religieuses pour des sociétés fondées sur le contrat social et sur les droits de l'homme. L'Europe a repositionné la religion dans la sphère privée et séparé l'Église et l'État. En France c'est la célèbre loi de 1905 dont le fondement est la séparation de ce qui est public de ce qui est privé. Depuis les années soixante-dix l'Europe s'est en outre engagée massivement sur la voie de la déchristianisation. Sur ce plan, l'Europe est allée plus loin que les États-Unis et peut être qu'aucune autre société. Une expérience à suivre…
Les Lumières correspondent aussi à une vision volontariste de l'action politique. C'est l'idée que les hommes de savoir peuvent agir et faire progresser l'humanité par des raisonnements, la connaissance et la culture.

2. Libéralisme et démocratie

« Les hommes naissent libres et égaux en droit » dit l'article premier de La *Déclaration des droits de l'homme et du citoyen* de 1789.
Il est difficile de dire autant avec si peu de mots.
La *Déclaration des droits* de 1789 inspire directement la *Déclaration universelle des droits de l'homme* adoptée à Paris au Palais de Chaillot par l'Assemblée générale des Nations Unies le 10 décembre 1948, et traduite en cinq cents langues. Et les pays qui comme l'Iran ou la Chine, fondent leur droit sur des principes religieux ou autoritaires, différents de ceux de la Révolution Française, ont du mal à éviter l'attraction des mots posés par la Révolution française.
Notons que dans la devise française Liberté, Égalité, Fraternité, le troisième terme a été ajouté tardivement, en 1880.
L'égalité et la liberté fondent les démocraties libérales : l'égalité est l'essence de la démocratie quand la liberté est au cœur du libéralisme.
La démocratie, depuis les grecs, c'est le gouvernement du peuple par le peuple. Mais le peuple d'Athènes, ce sont les hommes libres grecs, ce qui excluait les femmes, les esclaves et les « métèques » non grecs, soit 80 % de la population. À l'ère moderne, la démocratie est institutionnalisée par le suffrage universel : chaque citoyen a de manière égalitaire le même droit de vote, quel que soit son degré d'instruction ou sa position dans la société. Le suffrage universel a été institué en France au XIXe siècle, en 1848, mais il a fallu attendre le général de Gaulle en 1944 pour que les femmes aient le droit de vote. La Gauche se méfiait du vote des femmes jugées trop dépendantes de la religion catholique, ce qui fait sourire rétrospectivement.
Dans les démocraties libérales occidentales, l'égalité et la liberté sont revendiquées à part égale. Pourtant, chaque pays a ses préférences issues de traditions historiques et de modèles familiaux plus ou moins égalitaires ou autoritaires, comme l'ont montré les études d'Emmanuel Todd. Les anglo-saxons, très attachés aux libertés individuelles, admettent mieux l'inégalité que les français très sensibles eux, à

l'égalité. L'affaire de l'héritage de Johnny Halliday le confirme. Il met en lumière qu'aux États-Unis on peut déshériter ses enfants et que la liberté de celui qui rédige le testament prime, alors qu'en France, sensible à l'égalité, on ne peut déshériter ses enfants qui doivent recevoir chacun une part de l'héritage.
Le libéralisme est avec la démocratie, le socialisme et le mouvement des nationalités, une des grandes idées politiques du XIXe siècle. Il a connu une vigueur nouvelle depuis les années 1980 sous l'impulsion de Roland Reagan et de Margaret Thatcher et de la mondialisation. Une des meilleures définitions du libéralisme figure dans l'*Introduction à l'histoire de notre temps, le XIXe siècle,* un livre remarquable de René Rémond issu d'un cours à l'Institut d'Études Politiques.
« Le libéralisme apparait bien comme une philosophie globale au même titre que le marxisme, une réponse à toutes les questions que l'on peut se poser dans la société, sur ses relations avec les autres, sur son rapport à la vérité. En réaction contre la méthode d'autorité, le libéralisme croit à la découverte progressive de la vérité par la raison individuelle. Il est foncièrement rationaliste. L'esprit doit pouvoir chercher la vérité, sans contrainte, et c'est de la confrontation des points de vue que doit peu à peu se dégager une vérité commune. Le parlementarisme n'est à cet égard que la traduction au plan politique de cette confiance dans la vertu du dialogue. On entrevoit les conséquences que cette philosophie de la connaissance implique : le rejet des dogmes imposés par les Églises, l'affirmation du relativisme de la vérité, la tolérance. ».
Le libéralisme se défie foncièrement de l'État et du pouvoir. « C'est une vérité éternelle que tout homme qui a du pouvoir est porté à en abuser » écrit Montesquieu en 1748 dans *De l'esprit des lois.* «
Au XXe siècle le libéralisme se reconvertira en lutte contre les régimes totalitaires et contre les dictatures. Pour éviter le retour à l'absolutisme, le libéralisme propose toute une gamme de formules institutionnelles. Le pouvoir doit être limité et comment mieux le limiter qu'en le fractionnant c'est-à-dire en appliquant le principe de séparation des pouvoirs ? La décentralisation est un autre moyen de limiter le

pouvoir. Une autre façon de restreindre encore le pouvoir est de limiter son champ d'activité et ainsi s'explique la doctrine de non intervention en matière économique et sociale : l'État doit laisser librement l'initiative privée, individuelle ou collective et la concurrence. »
Dans un livre récent, paru en 2018, *« Une humble cavalcade dans le monde de demain »*, Alain Minc oppose les hommes politiques qui privilégient le suffrage universel et la parole du peuple, à ceux qui insistent sur l'état de droit, s'appuient sur des organismes indépendants non élus et se méfient du suffrage universel. C'est une résurgence avec des mots nouveaux du vieux dilemme entre égalité et liberté, entre démocratie et libéralisme.

3. Régime présidentiel et régime parlementaire

Toute personne a besoin, pour comprendre les débats médiatiques et former son jugement, de clarifier quelques notions juridiques, au demeurant simples dans le principe. Un exemple parmi d'autres : Jean-Luc Mélenchon, Arnaud Montebourg et Benoit Hamon voulaient lors de la dernière élection présidentielle, instituer une sixième République. Qu'est-ce que cela veut dire ?

Dans le même registre, les journaux, les radios, la télévision, les hommes politiques, nous parlent quotidiennement de magistrats du parquet, des juges du siège, d'indépendance de la justice et d'état de droit. Ces dispositifs juridiques ont pour but d'assurer le bon fonctionnement de la justice pénale, un domaine sensible puisque la sanction peut être la prison et pouvait être la mort il y a moins de quatre décennies en France.

Le droit, au moins dans ses grandes règles, est une clé pour comprendre notre monde. Les règles juridiques sont le fruit de siècles voire de millénaires d'évolutions. Le code babylonien d'Hammourabi a été écrit en 1750 av. J.-C. Un des objectifs du droit, c'est d'aider les hommes à « vivre ensemble » comme on dit aujourd'hui, et de favoriser la bonne administration de nos sociétés.

Précisons quelques notions générales essentielles, que chacun sans être juriste, a besoin de connaitre, pour comprendre notre monde.

Les américains ont la même constitution depuis deux cent trente ans. Dans le même temps, les français ont épuisé quatre républiques, deux monarchies et deux empires. Excusez du peu ! Il a fallu attendre la synthèse gaulliste et la constitution de 1958 qui fonde la Ve république pour clore le cycle révolutionnaire ouvert en 1789 et obtenir un consensus sur nos institutions, consensus qui, en France, n'est jamais parfait.

Un régime parlementaire est un système constitutionnel où le parlement peut renverser le gouvernement et où l'exécutif peut, réciproquement, dissoudre le parlement (ou plus précisément, la chambre basse, la chambre des députés). On dit que le gouvernement y est responsable devant le parlement.

Un régime présidentiel est un régime où le Président est élu au suffrage universel, dirige l'exécutif, et ne peut dissoudre le parlement qui symétriquement, n'a pas la possibilité de renverser le Président. Dans un tel régime, il n'y a pas de premier ministre.

Le plus ancien et le plus célèbre des régimes parlementaires modernes est celui du Royaume-Uni. Le premier ministre, chef du gouvernement, a le soutien de la majorité au Parlement. Il peut dissoudre la Chambre des Communes et provoquer ainsi de nouvelles élections. La chambre peut aussi renverser le gouvernement.

Le régime fédéral des États-Unis est un système présidentiel. Il n'y a pas de premier ministre. Le président dirige l'exécutif même si le parlement a une couleur politique opposée à celle du président. C'est arrivé lors du second mandat du président Démocrate Barack Obama qui a dirigé l'exécutif avec un Congrès dominé par le parti Républicain.

En France, la Ve République française qui a débuté en 1958 avec le général de Gaulle, a institué un régime semi-présidentiel, mi présidentiel et mi parlementaire.

Le gouvernement français est responsable devant l'Assemblée nationale qui peut voter une motion de censure pour renverser le gouvernement et le Président peut réciproquement dissoudre l'Assemblée Nationale. Ce sont des caractéristiques d'un régime parlementaire. Depuis la réforme constitutionnelle de 1962, le président de la République est élu au suffrage universel. C'est un attribut du régime présidentiel.

Il est assez rare que l'Assemblée Nationale renverse le gouvernement, mais c'est arrivé. En 1962, le gouvernement dirigé par Georges Pompidou, Premier ministre, a été renversé par un vote des députés à l'Assemblée nationale. Charles de Gaulle, président de la République, a immédiatement prononcé la dissolution de l'Assemblée nationale. Des élections législatives ont été organisées. Les électeurs ont tranché le conflit et ramené à l'Assemblée une majorité favorable au projet du général de Gaulle qui a renommé Georges Pompidou Premier ministre du gouvernement.

Il est plus fréquent que le président prononce la dissolution de l'Assemblée nationale et demande ainsi aux électeurs de trancher un conflit. C'est arrivé en 1962, en 1968, en 1981, en 1988, et en 1997.
Le plus souvent, la couleur politique du président de la République est la même que celle du Parlement. Quand ce n'est pas le cas, ce qui est arrivé trois fois sous la Ve République, c'est la cohabitation entre un président et un gouvernement de tendances politiques différentes. C'est ainsi que Jacques Chirac a été Premier ministre de 1986 à 1988 quand François Mitterrand était président de la République, et Edouard Balladur Premier ministre de 1993 à 1995 avec le même François Mitterrand. Lionel Jospin, socialiste a été le Premier ministre de Jacques Chirac de 1997 à 2002.
Que veulent les hommes politiques français précités partisans d'une VIe République ? Ils veulent changer la constitution pour instaurer un régime parlementaire, de type anglais, où les pouvoirs du chef de l'Etat seraient réduits. D'autres partisans de la VIe République, plus rares, veulent présidentialiser le régime, pour adopter un système proche du système américain. En clair, supprimer la fonction de premier ministre, la possibilité de dissolution de l'Assemblée et du renversement du gouvernement par l'Assemblée. On peut dire que même si le consensus n'est pas parfait, les français sont globalement satisfaits de la synthèse institutionnelle gaulliste né avec la Ve République.
Le système constitutionnel français, parlementaire et présidentiel, est donc original. Il a une autre grande particularité : la distinction entre le droit public et le droit privé, qui n'existe pas dans les pays anglo-saxons. En France, les litiges entre l'administration et les particuliers, un refus de permis de construire par exemple, sont jugés par des magistrats spécifiques, de l'ordre administratif, qui appliquent un droit différent, le droit public, dans des tribunaux dédiés, les tribunaux administratifs et le Conseil d'État, la plus haute juridiction de l'ordre administratif qui siège place du Palais Royal face au musée du Louvre, à Paris.
Les différents de droit commun entre particuliers ou entreprises (divorce, propriété, contrats etc.) et les infractions à la loi, les crimes

et les délits, sont jugés en revanche par les magistrats de l'ordre judiciaire, dans des tribunaux judiciaires, les tribunaux d'instance et de grande instance qui jugent en premier ressort avec une possibilité de recours devant les cours d'appel, puis devant la Cour de Cassation la plus haute juridiction de l'ordre judiciaire.

Dans cet ensemble juridique français, il faut ajouter le Conseil Constitutionnel qui siège, comme le Conseil d'État, dans les locaux du Palais Royal, vérifie la conformité des lois à la Constitution et aux « grands principes reconnus par les lois de la République ». Lorsque le Conseil Constitutionnel déclare non conforme à la constitution une loi votée par le Parlement, celle-ci ne peut être promulguée par le président de la République.

Une dernière précision me paraît relever de la culture de chacun, sans être juriste. Elle concerne le droit pénal. Ce droit est très présent dans les films et les séries américaines notamment. Il n'a pas pour objet de régler des différents entre particuliers, entreprises ou Etat, mais de sanctionner ceux qui commettent des infractions, des délits ou des crimes. Les peines sont potentiellement très graves, la privation de liberté -la prison- et jusqu'en 1981 en France la peine de mort. Aussi le droit pénal est-il assorti de garanties de procédure très strictes, qui font l'objet de débats constants en France, dans les médias et dans la vie politique.

Les infractions mineures, les stationnements de véhicules irréguliers par exemple, sont sanctionnées par des amendes qui relèvent du tribunal de simple police. Les infractions plus graves, qu'on appelle délits, les vols notamment, sont jugés par le tribunal correctionnel qui peut prononcer des amendes et des peines de prison. Les infractions très graves, comme les meurtres et les viols sont qualifiées de crimes et jugées devant les cours d'assise dont la caractéristique est d'avoir recours depuis la Révolution à des jurés qui sont des citoyens tirés au sort et donc juges temporaires, sans être des magistrats. La justice dans les cours d'assise est ainsi rendue symboliquement par le peuple. Depuis 1981, les cours d'assise ne peuvent plus prononcer la peine de mort.

Pour aider au bon fonctionnement de la justice pénale, deux sortes de magistrats officient : les magistrats du siège, ainsi appelés parce qu'ils jugent assis et les magistrats du parquet, la magistrature debout, ainsi nommée parce que les magistrats du parquet se lèvent pour prendre la parole à l'audience.

Les juges d'instruction, les juges des libertés et de la détention (créés par une loi de 2010) et les magistrats qui jugent dans des tribunaux correctionnels, les cours d'appel au pénal et les cours d'assise sont des magistrats du siège. Les magistrats du parquet, procureurs, substituts et avocats généraux, défendent la société et l'intérêt général. Ils actionnent l'action publique, c'est-à-dire le droit de poursuivre. À l'audience ils requièrent une peine mais ils ne la décident pas.

Dans les pays démocratiques, les magistrats du siège sont indépendants et inamovibles. En revanche, les procureurs qui représentent la société et qui ne jugent pas peuvent être nommés par le gouvernement et recevoir des instructions de l'état ou de leur hiérarchie. C'est la tradition française, où on considère que les magistrats du parquet qui défendent l'intérêt général doivent avoir un lien avec l'autorité politique élue par le peuple. En France le parquet a des pouvoirs plus étendus que dans le monde anglosaxon et dans une carrière française, un magistrat peut être tantôt juge du siège indépendant et tantôt magistrat du parquet soumis au pouvoir hiérarchique. D'où les débats récurrents sur l'indépendance de la justice. Dans le monde anglosaxon, le lien de la justice avec le peuple, détenteur de la souveraineté, est généralement assuré d'une manière très différente, avec l'élection des juges par les citoyens, qui pose d'autres problèmes, le juge pouvant être soucieux de sa réélection.

Voilà, me semble-t-il quelques connaissances juridiques clés simples qui permettent de comprendre l'essentiel des grandes controverses juridiques de notre monde. À une époque où la responsabilité pénale de chacun peut être mise en cause, alors qu'il est un « honnête homme » et pas un voyou, dans la vie en entreprise ou dans une mairie par exemple quand survient un accident, la compréhension des idées générales qui régissent le droit pénal présente un intérêt général.

4. Économistes classiques et économistes keynésiens

Qu'est ce qui fait bouger les hommes ? Les idées ou leur intérêt ? On peut en débattre.

L'économie, science née au XVIIIe siècle, est fondée pour l'essentiel sur le postulat que c'est l'intérêt qui dicte les comportements économiques. « Le marxisme et le libéralisme foncièrement économistes ne veulent considérer en l'homme que la recherche de son intérêt » écrit Jacques Julliard.

Deux écoles économiques dominent : les classiques ou libéraux d'une part et les keynésiens d'autre part. Les tenants d'un troisième modèle, celui de l'économie planifiée communiste ont perdu beaucoup de crédit avec les échecs économiques de la Russie soviétique et de la Chine de Mao.

Les libéraux défendent le libre-échange, la libre concurrence, le marché c'est-à-dire la loi de l'offre et de la demande, une intervention de l'État réduite à fournir un cadre stable et prévisible où va s'épanouir le marché. Une « main invisible » régule l'économie par le mécanisme des prix qui ajuste l'offre et la demande avec efficacité.

Les keynésiens, sans nier le rôle du marché, défendent l'intervention de l'État pour réguler l'économie, éviter les récessions et le chômage, soutenir la demande par la dépense et le déficit budgétaire.

Les grands économistes classiques qui font référence, Adam Smith, Jean Baptiste Say, David Ricardo, Thomas Malthus, ont écrit entre 1750 et 1850. La génération suivante appelée néo-classique est portée par Alfred Marshal, Léon Walras et Vilfredo Pareto. Ils ont régné sur l'économie entre 1850 et la crise de 1929.

« Les classiques cherchent à découvrir les lois naturelles de l'économie. Ils nous lèguent une représentation du monde gouverné par des lois où les intérêts des individus et des groupes sociaux tiennent la première place, où les propriétaires, les entrepreneurs et les salariés sont en compétition pour le partage des revenus, où l'offre crée sa propre demande, où la monnaie ne joue qu'un rôle secondaire, où la production est organisée selon le principe de la division du travail et de la spécialisation, où la concurrence fonctionne comme un processus de sélection qui élimine les moins performants, où l'épargne et l'accumulation du capital sont les clés du progrès qui débouche sur l'état stationnaire à cause des rendements décroissants. Ils sont en général favorables au libre jeu des lois de l'économie. En 1850, toutes les grandes problématiques modernes sont déjà en question : le rôle de l'état, le libre-échange, la politique de l'offre et de la demande, l'épuisement des ressources, l'arrêt de la croissance, la lutte des classes... Marxistes écologistes et néolibéraux leur doivent beaucoup » résume avec clarté Henri Guaino dans *« Pour en finir avec l'économie du sacrifice »*.

On leur doit des théories de référence : la division du travail d'Adam Smith, la loi des débouchés de Jean Baptiste Say, la théorie des avantages comparatifs de Ricardo, le principe de population de Malthus, et la théorie quantitative de la monnaie complétée par Ricardo.

Les néoclassiques qui leur succèdent au XIXe siècle introduisent le formalisme mathématique et se focalisent sur l'équilibre économique, concept emprunté à la physique et décrivent l'économie comme une succession d'états d'équilibre.

La violence de la crise de 1929, qui peut être interprétée comme un échec des thèses libérales classiques, ouvre une nouvelle phase, keynésienne, marquée par l'intervention volontariste de l'État, illustrée par le New Deal de Roosevelt aux États-Unis, la mise en place de l'État Providence dans l'Europe occidentale à partir de 1945 et l'utilisation des techniques budgétaires et fiscales pour réguler la conjoncture et relancer l'économie par la demande. Keynes et sa « *Théorie générale de l'emploi de l'intérêt et de la monnaie* » publiée en 1936 a conceptualisé et théorisé cette nouvelle phase. Le keynésianisme sera la référence économique majeure pendant un demi-siècle entre les années 30 et les années 80 avec le souci des gouvernements de maintenir par la dépense publique budgétaire un niveau élevé de demande globale.

Depuis 1980, nous avons assisté au grand retour de l'économie classique ou libérale avec Milton Friedman, chef de l'école monétariste à l'université de Chicago et la politique de dérèglementation mise en œuvre à partir de 1980 par Margaret Thatcher et Ronald Reagan. Ce retour à l'économie classique a accompagné la mondialisation de l'économie.

Friedman renouvelle la théorie classique (ou libérale) de la théorie quantitative de la monnaie et en fait une arme de guerre contre le keynésianisme. Les classiques et néoclassiques considèrent que la monnaie est neutre, les keynésiens affirment que la monnaie est active et qu'elle peut être utilisée pour améliorer les performances économiques. Les monétaristes pensent que la monnaie est active, mais que son utilisation est surtout nocive à l'économie. L'école monétarisme est contre l'intervention de l'Etat pour réguler l'économie. L'État doit se borner à fixer un cadre stable et prévisible, assurer un bon fonctionnement du marché, garantir la libre concurrence et le libre-échange et favoriser une croissance prévisible et équilibrée de la masse monétaire. Cette théorie est appelée monétariste car l'instrument monétaire (et non budgétaire comme les keynésiens) via les taux d'intérêt et la maitrise de l'augmentation de la masse monétaire est le levier clé par lequel l'état va jouer un rôle déterminant.

Si les travaux de Milton Friedman débutent dans les années cinquante, le tournant monétariste ou libéral qui met à l'honneur les monétaristes dans le grand public est précisément daté. C'est la nomination par le président démocrate Jimmy Carter de Paul Volker en 1979 à la tête de la banque centrale américaine pour casser l'inflation, l'élection en 1979 de Margaret Thatcher qui sera Premier ministre du Royaume-Uni de 1979 à 1990, et l'élection de Ronald Reagan à la présidence des États-Unis de 1980 à 1988. Ils mettent en œuvre une politique de dérégulation, de retrait de l'État dans certains secteurs autres que régaliens (la police, l'armée, la justice) et consacrent le retour des thèses libérales ou classiques au détriment des thèses keynésiennes.

Paul Volker augmente massivement les taux d'intérêt au début des années quatre-vingt, provoque une récession mais casse l'inflation. Ce succès est porté au crédit des thèses monétaristes et donc libérales.
La dissolution de l'URSS en 1991 peut être analysée comme une victoire des thèses économiques libérales ou classiques, l'expérience communiste de direction de l'économie par l'État ayant tourné court, montrant la supériorité du « marché » libéral sur le « plan » dirigé par l'État.
La grande crise économique de 2009, la plus importante depuis 1929, n'a pas fondamentalement remis en cause les thèses libérales de l'économie de marché, même si la responsabilité des états de fixer un cadre réglementaire et bancaire a été réaffirmée.

Pour aller plus loin :

Marcel Gauchet, *L'Avènement de la Démocratie, t.4, Le Nouveau Monde*, Gallimard, 2017
Henri Guaino, *En finir avec l'économie du sacrifice*, Odile Jacob, 2016
Jeanne Hersch, *L'étonnement philosophique*, Folio essais, 2008
Jacques Julliard, *Les Gauches françaises. 1762-2012*, Flammarion, 2012
Alain Minc, *Une humble cavalcade dans le monde de demain,* Grasset, 2018
René Rémond, *Le XIXe siècle 1815-1914, Introduction à l'histoire de notre temps, 2*, Éditions du Seuil, Histoire, 1974

Parmi les grands textes français des Lumières il faut citer outre la *Déclaration des droits de l'homme, l'Encyclopédie*, dictionnaire de vingt-huit volumes des sciences, des arts et des métiers consacré à toutes les formes de la connaissance publié de 1751 à 1772 et rédigé par Diderot, d'Alembert et d'autres, *Du contrat social* de Rousseau (1762) et *l'Esquisse d'un tableau historique des progrès de l'esprit humain* de Condorcet (1794).

CHAPITRE VI

LA NOUVELLE FRONTIÈRE DE LA CULTURE GÉNÉRALE

« Sept cents millions de chinois. Et moi et moi et moi. Avec ma vie, mon petit chez moi, mon mal de tête mon point au foie. J'y pense puis j'oublie. C'est la vie, c'est la vie… ». Jacques Dutronc avait bien observé le poids de la Chine dans sa chanson de 1966. Deux ans plus tôt, le général de Gaulle, visionnaire comme toujours, avait, le premier en occident, reconnu la République Populaire de Chine. À eux deux, le général de Gaulle et Jacques Dutronc exprimaient un sentiment d'ambivalence durable. L'Occident respecte et admire une très ancienne civilisation mais éprouve de la défiance vis-à-vis d'un régime communiste qui dirige un milliard trois cent millions d'habitants.

Deux évènements presque concomitants en 1978 et 1979, vont peser lourd dans la géopolitique du XXIe siècle.

En 1978, Deng Xiaoping engage la Chine sur une nouvelle voie, l'ouverture au monde et à une forme de capitalisme chinois, sans renier le communisme. C'est une réussite. Quarante ans plus tard, la Chine est la seconde puissance économique mondiale et retrouve son rang historique.

En 1979, la révolution islamique en Iran est un coup de tonnerre. Huit ans plus tôt, le shah d'Iran avait invité le monde entier aux fêtes de Persépolis, pour célébrer le 2500ème anniversaire de l'empire perse. Avec l'Ayatollah Khomeini, l'Iran chiite prend la tête de la contestation musulmane de l'occident. Le monde de l'islam entre en ébullition. L'Iran chiite, l'Arabie saoudite sunnite et la Turquie sunnite se disputent le leadership musulman, sur fond de guerres, d'attentats, et de révolutions quasiment ininterrompues.

Sous la pression des évènements, la culture commune qui était très centrée sur l'Occident s'élargit brusquement, à de nouvelles frontières.

1. La Chine l'autre pôle de l'expérience humaine

Dans une formule dont il avait le secret et qui suggère beaucoup avec peu de mots, Malraux a dit que « la Chine est l'autre pôle de l'expérience humaine ».

Son vaste territoire à la pointe de l'Eurasie, sa démographie dynamique, sa très ancienne civilisation et son écriture originale sans alphabet, les idéogrammes, prédisposaient la Chine à une conception du monde différente.

Les occidentaux connaissent mal la Chine qui a pourtant toujours fasciné, au moins depuis Marco Polo. Les français s'enorgueillissent d'avoir les premiers en 1964 reconnu la République populaire de Chine, mais les italiens peuvent à bon droit se prévaloir de l'antériorité de Marco Polo ! Au XIIIe siècle, le siècle de Saint Louis, Marco Polo partit de Venise et séjourna longuement à la cour de Kubilaï, l'Empereur de Chine. Petit-fils de Gengis Khan qui avait été élu grand Khan des Mongols en 1206, Kubilaï fonda la dynastie mongole des Yuan, la première dynastie impériale non chinoise. Elle régna un siècle sur la Chine.

La culture japonaise est une émanation de la Chine. Curieusement elle est aujourd'hui mieux connue de l'Occident moderne que la culture chinoise. Nos contemporains ont une sympathie et une curiosité pour le Japon, qu'on ne retrouve pas au même niveau pour la Chine.

Cela n'a pas toujours été le cas : les philosophes des Lumières, Voltaire en tête, étaient des admirateurs de la Chine qu'ils connaissaient par les écrits Jésuites. À partir de la seconde moitié du XIXe siècle, l'admiration s'est changée en défiance et seul Victor Hugo s'est insurgé contre la destruction du Palais d'été en 1860 lors de la seconde guerre de l'opium : défiance d'abord vis-à-vis d'un pays très peuplé, avec le thème du « le péril jaune » au XIXe siècle, puis défiance au XXe siècle à l'égard d'un régime communiste, autoritaire et non démocratique.

En revanche, la culture japonaise a fasciné nos peintres impressionnistes dès le XIXe siècle, de même que la culture de l'Asie du Sud-Est,

d'Indochine notamment avec Angkor, synthèse emblématique des influences indiennes et chinoises dans cette région, émerveilla les français qui ont créé le musée Guimet à Paris en 1889. Le zen, la cuisine japonaise, les arts martiaux, les estampes de Hokusai, Utamaro et Hiroshige entre 1750-1850 et les mangas deviennent des sources d'inspiration dans l'art occidental.
Pourtant, la Grande Muraille, la route de la soie, le thé, la porcelaine, l'acupuncture, les sagesses taoïstes et confucianistes, le Ying et le Yang, le culte des ancêtres, la calligraphie à base d'idéogrammes, la culture ancestrale du mandarinat et du concours, les arts martiaux sont des créations chinoises. Elles témoignent de « l'autre pôle de l'expérience humaine ». Et la civilisation chinoise est sans doute la plus ancienne du monde.
N'exagérons pas : les occidentaux cultivés s'intéressent de plus en plus à la Chine. Les premiers romans d'André Malraux ont pour cadre l'Asie. Victor Segalen, Paul Claudel, Jacques Chirac, pour ne citer qu'eux, ont été, avant la mode, des connaisseurs de la Chine et de l'Asie. Alain Peyrefitte a obtenu un grand succès littéraire en 1973 avec son livre « Quand la Chine s'éveillera ». Aujourd'hui, l'Occident se souvient, après l'avoir oublié, que la Chine a été jusqu'au XVIIIe siècle la première ou parmi les premières puissances du monde et observe qu'elle est revenue en trois ou quatre décennies au premier plan, dans la cour des grands, après deux siècles d'éclipse. Et l'Art de la guerre du chinois Sun Tzu, écrit six siècles avant Jésus-Christ est cité dans quasiment toutes les réflexions sur la stratégie militaire.
L'objet de ce livre, vous le savez, n'est pas d'écrire une histoire de la Chine, mais de suggérer les lignes de force qui aideront à mettre en résonance quelques idées générales. Les dynasties impériales, la pensée chinoise et la comparaison avec le Japon seront ici notre support.
Nous avons appris à l'école les dynasties royales françaises, les Mérovingiens, les Carolingiens et les Capétiens. La connaissance des dynasties chinoises est aussi un repère utile, un cadre structurant, moins simple en Chine qu'en France car les dynasties Chinoises

sont plus nombreuses. Il faut bien sûr la compléter et l'actualiser par l'histoire du XXe siècle, Mao, sa Longue marche, son Grand bond en avant et sa Révolution culturelle puis la nouvelle révolution économique réussie engagée par Deng Xiaoping à partir de 1978. La Chine est aujourd'hui la seconde économie du monde.

Le second repère est philosophique et religieux. Les deux grandes philosophies d'origine chinoise, le confucianisme et le taoïsme sont les deux pôles de la pensée chinoise, l'un pragmatique, l'autre idéaliste. Le bouddhisme, issu de l'Inde dont il a quasiment disparu mais qui a beaucoup influencé la Chine présente des traits communs avec le stoïcisme romain. Les chinois sont-ils religieux ? Peut-être mais leur conception de la religion est profondément différente de la conception occidentale. Elle illustre là encore « l'autre pôle de l'expérience humaine ».

Le troisième repère est japonais. La spécificité de la culture japonaise éclaire par différence la culture chinoise, dont elle est issue.

Fixons le cadre des grandes dynasties impériales en Chine.

Les dynasties chinoises

La dynastie des Qin (221-206 av. J.-C.) est la première à régner sur l'ensemble de la Chine. Elle succède à la très longue dynastie des Zhou (de 1046 à 221 av. J.-C.) la plus longue dynastie royale, mais qui ne régnera jamais sur l'ensemble de la Chine. Le terrible Qin Shi Huang, roi puis empereur de 247 à 210 av. J.-C. réalise la première unification, fonde le premier empire chinois en 221 av. J.-C. à l'issue de la période des Royaumes combattants et pose les premières pierres de la Grande Muraille qui fixe le territoire de la Chine. Il fait détruire tous les livres dans l'Empire, exécuter par centaines les lettrés confucianistes qui résistaient à l'unification de la Chine (une seule monnaie, une seule écriture) et se fait enterrer avec une armée de plus de huit mille soldats de terre cuite découverte en 1974 près de Xian. Comment interpréter l'armée de terre cuite du premier empereur ? Au moins s'est-il fait enterrer avec des personnages en terre cuite et pas des personnages réels.

La dynastie des Han (206 av. J.-C. à 220 ap. J.-C.) est la seconde dynastie impériale. Elle reprend et pérennise la politique d'unification des Qin. C'est la dynastie impériale chinoise qui a régné le plus longtemps. Elle est considérée comme un âge d'or qui s'épanouit au moment où Rome étend sa domination sur l'occident. En souvenir de cette dynastie, l'ethnie majoritaire en Chine est nommée Han. Le bouddhisme pénètre en Chine à partir de l'Inde sous la dynastie des Han. À la chute de cette dynastie survient une période de division de la Chine.

Sous la dynastie des Tang (618-907), la Chine réunifiée connait un nouvel âge d'or et de prospérité, et recrute ses fonctionnaires, les mandarins, par la voie d'examens impériaux, plus d'un millénaire avant la mise en place du recrutement des fonctionnaires par concours en France. Le bouddhisme issu de l'Inde a une influence majeure, tandis que le taoïsme chinois conserve une grande importance et que s'amorce le retour du confucianisme éliminé par le premier empereur. C'est le temps des trois enseignements : ceux de Confucius, de Lao Tseu, et de Bouddha. La poésie chinoise est élevée au statut d'art majeur, inscrite aux examens impériaux. Aux périodes suivantes, la calligraphie et la peinture s'imposeront.

La dynastie des Song (960- 1279) évoque une période de prospérité avec cent millions d'habitants chez les seuls Song du nord. La technologie, la science et la philosophie prospèrent. Les Song développent l'usage de la poudre à canon. C'est aussi l'épanouissement de la peinture chinoise, son âge d'or qui porte l'art pictural à un degré de raffinement et de perfection que François Cheng (*Vide et Plein*) compare au Quattrocento italien.

La dynastie des Yuan (1271-1368) est mongole, la première dynastie impériale non chinoise. L'aventure commence avec Gengis Khan (Temüjin) élu grand Khan des Mongols en 1206. À cette date, Philippe Auguste est le roi de France. Le petit-fils de Gengis Khan, Kubilaï Khan réunifie la Chine, à peu près à la mort de saint Louis, en 1270 et devient le premier empereur de la dynastie Yuan. Marco Polo vit plusieurs années à la cour de l'empereur Kubilaï. Son *Livre des merveilles du monde* fascinera les occidentaux. C'est une période où la domination mongole de la Chine à l'Europe sécurise la route de la soie et favorise la connaissance des « deux pôles de l'expérience humaine ».

La dynastie des Ming (1368-1644) marque le retour d'une dynastie chinoise et des traditions chinoises après la période mongole. C'est sous cette dynastie que l'amiral musulman Zheng He, au service de l'empereur partit à la découverte de l'Afrique, franchit le cap de Bonne Espérance et atteint l'Atlantique, avec une grande flotte et sept expéditions de 1405 à 1433 avant les grandes explorations européennes et la découverte de l'Amérique en 1492 par Christophe Colomb. La capitale chinoise est transférée à Pékin avec la construction de la Cité interdite à partir du XVe siècle. L'administration est de nouveau confiée à des fonctionnaires recrutés sur examen.

La dynastie des Qing (1644-1912) d'origine Mandchoue est pour la seconde fois, non chinoise (Han). C'est la dynastie du dernier empereur. Cette dynastie mena une politique de stricte limitation des contacts avec les européens même si les missions jésuites furent acceptées. Le christianisme se développa via Canton et Macao. Sous cette dynastie, la Chine fut obligée de signer avec les européens les « traités inégaux » à l'issue de la guerre de l'opium marquée par le triste incendie du Palais d'Été en 1860, par les français. À la guerre de l'Opium menée par les occidentaux s'est ajoutée la révolte des Taiping entre 1851 et 1864 dans le sud peuplé et fertile de la Chine. Cette guerre civile majeure, d'inspiration égalitaire, causa entre vingt et trente millions de morts. Contrairement au Japon, la Chine ne réussit pas son ouverture sur l'extérieur, pourtant voulue à la même époque par des hauts fonctionnaires chinois contre l'impératrice Cixi. Celle-ci soutint les Boxers (à ne pas confondre avec les Boers à la même époque en Afrique du Sud) contre les européens qui imposèrent une nouvelle humiliation à la dynastie. En 1908, Puyi âgé de cinq ans devint le dernier empereur. Il régnera jusqu'à l'instauration de la République en 1912.

Mao prit le pouvoir en 1949, avec la proclamation de la République Populaire de Chine, quatorze ans après la Longue Marche de 1934 à 1935. Celle-ci lui permit de s'affirmer comme le chef des communistes chinois pendant la guerre civile chinoise contre le Guomindang de Tchang Kaï-chek et contre l'invasion japonaise. La collectivisation et le Grand Bond en avant furent responsables de famines de masse et de quarante-cinq millions de morts. Pour garder le pouvoir, Mao lança la Révolution culturelle de 1966 à 1969, qui fut une période d'épuration de grande ampleur. En 1978, deux ans après la mort de Mao, Deng Xiaoping a engagé avec succès la Chine sur le chemin du capitalisme à la chinoise.

La pensée chinoise

Le taoïsme idéaliste et le confucianisme pragmatique représentent les deux pôles complémentaires de la pensée chinoise. Ils sont nés en Chine au VIe siècle av. J.-C. Le bouddhisme, troisième grande religion en Chine, n'est pas d'origine chinoise, mais indienne. Il a aussi considérablement influencé la Chine.

Confucius vit de 551à 479 av. J.-C. Le confucianisme n'est pas une religion mais « une sagesse pragmatique qui enseigne comment vivre en société, comment se comporter avec sa famille, ses amis, ses supérieurs, comment vénérer les ancêtres. Il place l'homme au centre de sa réflexion » écrit Trinh Xuan Thuan. Le confucianisme met l'accent sur l'obéissance (aux parents, au mari, au pouvoir politique), au respect des ancêtres, à l'apprentissage par cœur. Il est de ce point de vue très éloigné du rationalisme grec, même si la culture chinoise est fondamentalement rationnelle et valorise l'étude.

Le taoïsme créé par Lao-Tseu à peu près à la même époque au VIe siècle av. J.-C. est éminemment idéaliste. C'est une philosophie de la nature : l'homme ne peut se réaliser que s'il est en accord avec la nature. Cette perspective est aussi en occident, celle des sagesses antiques stoïciennes. Le livre de la Voie et de la Vertu attribué à Lao-Tseu est considéré par certains comme le plus beau texte jamais écrit en Chinois. Tout change, tout bouge, tout est impermanent. Il existe une réalité ultime du cosmos distincte de la réalité apparente perçue par les sens. Le taoïsme se méfie de la connaissance rationnelle pour parvenir à la réalité ultime. L'idée taoïste que l'espace et le temps sont indissociables et que le temps peut se transformer en espace est une intuition confirmée par la science moderne.

« La peinture chinoise ancienne est d'inspiration taoïste, elle ne vise pas seulement l'esthétisme. Elle vise à révéler le mystère de l'univers. Elle a évolué d'une tradition réaliste vers une tradition de plus en plus spirituelle. Elle est considérée comme une activité sacrée. En donnant une représentation de l'espace parcouru par des souffles vitaux que l'on retrouve dans la peinture, elle veut mettre en lumière le rapport de l'homme et du cosmos et éclairer le sens de la destinée humaine. À partir du Ying et du Yang, est née l'opposition en peinture ciel-terre, montagne-eau. C'est le vide-plein de la pensée taoïste. C'est le vide de la vallée qui creuse la montagne. » écrit encore Trinh Xuan Thuan.

Le bouddhisme est né en Inde, où il est aujourd'hui très minoritaire en raison sans doute de son opposition aux castes. Il est la tradition politique majeure d'une grande partie de l'Asie du Sud Est, de la Corée, du Japon et de la Chine. Bouddha a vécu au VIe ou au Ve siècle av. J.-C. comme Confucius et Lao-Tseu. L'idée de base est l'interdépendance des phénomènes. Tout dépend d'autre chose. Parce que les choses sont interdépendantes, elles n'ont pas de réalité ultime. Pour les bouddhistes, il n'y a pas de véritable naissance car les phénomènes n'ont pas véritablement d'existence. Il n'y a pas de création ex nihilo de l'univers. L'univers est cyclique. Il n'y a pas besoin d'un créateur.

Nous avons déjà évoqué l'éveil à peu près concomitant en Europe et en Asie vers le Ve siècle av. J.-C. des sagesses, des religions et des

intuitions qui posent les grandes conceptions du monde. De même que la Genèse biblique a eu l'intuition d'un univers avec une histoire, un début et une fin, qui rejoint celle du big-bang de la science moderne, le taoïsme et le bouddhisme ont eu l'intuition de l'interdépendance des phénomènes de l'univers qui sont aujourd'hui affirmés par le modèle standard de la science.
Les chinois sont-ils religieux ? Sans doute pas de la même manière que les occidentaux. Les chinois peuvent être à la fois confucianiste, taoïste et bouddhistes. Contrairement aux croyants des religions du Livre, le judaïsme, le christianisme et l'islam, les chinois ne sont pas monothéistes et ne vénèrent pas un dieu personnel (sauf s'ils sont chrétiens ou musulmans bien sûr). Les divinités chinoises sont des personnages de légende qui ne font pas l'objet d'un culte. Le confucianisme n'est pas une religion mais une sagesse et la culture mandarinale, après Confucius se méfie de la religion. Elle avait à ce titre séduit nos philosophes des Lumières. On ne sent pas en Chine la prégnance religieuse si présente en Inde et même en Europe où la densité des monuments religieux est très importante. L'athéisme n'a jamais été condamné en Chine. En revanche, le culte des ancêtres et la célébration du nouvel an chinois sont très suivis et l'occasion de faire des offrandes. Les chinois sont un peuple à la fois rationnel, pragmatique et sensible aux superstitions.

Culture chinoise et culture japonaise, le japon est un miroir déformé de la Chine.

Il y a une fascination de l'Occident moderne pour le japon et ses kimonos, ses arts martiaux, ses jardins zen, ses cérémonies du thé, la propreté des rues et des maisons, sa culture du petit, du détail, du concis et des katas (des gestes appris avec précision), son raffinement, ses cerisiers en fleurs, son esthétique, son théâtre kabuki qui nous parait extravagant avec des actrices qui sont des acteurs, ses geishas, son extrême civilité dans la rue, à la maison, et dans l'entreprise, son souci de l'ordre et de la hiérarchie, ses bains de sources d'eau chaude

baptisés « Onsen » et ses « Ryokan » équivalents de nos hôtels, version tatami au sol.
Le Japon, contrairement à la Chine, s'est engagé résolument dès 1868, sous l'impulsion de l'empereur Meiji dans une formidable remise en cause des traditions pour apprendre ce que l'Occident a de meilleur. Ce fut un projet de pays, étonnant de modernité et de volontarisme, formalisé dans un serment signé le 14 mars 1868 par l'empereur pour son intronisation et succéder au shogunat Tokugawa. Les cinq articles de ce texte fondateur, signé par sept cent soixante-sept nobles et inscrit dans la constitution, méritent d'être lu :

1. « Des assemblées délibérantes seront établies et toutes les questions quotidiennes seront décidées après des discussions ouvertes.
2. Tout le peuple, que soit son statut dans la société, unira son cœur et son esprit, pour pousser les affaires du pays.
3. Les pratiques dépassées et nuisibles du passé seront arrêtées et tout sera basé sur des principes universels.
4. Le cœur de la nation sera vitalisé en rassemblant le savoir du monde entier, tout en chérissant notre belle culture et les traditions centrées sur l'empereur.
5. Notre pays fait face à une situation qui impose des changements imminents et sans précédents. Je prends personnellement l'initiative, fermement pour établir ces politiques, et je suis déterminé à assurer le passage pour la stabilité et le développement de l'ensemble de la nation. Dès lors, tous, conscients de l'importance de cet objectif, doivent être encouragés à joindre leurs cœurs et leurs esprits et faire tous les efforts possibles ».

Le Japon qui n'a jamais été colonisé, est donc entré dès 1868, près d'un siècle avant la Chine, dans la modernité. La mutation de la Chine a été infiniment plus douloureuse que celle du Japon, même si le Japon a connu le traumatisme des bombes atomiques sur Hiroshima et Nagasaki en août 1945. La colonisation européenne et les guerres de l'opium de 1840 et 1860, l'humiliation des « traités inégaux » imposés par les occidentaux, la terrible guerre civile des Taiping à partir de 1850 puis des Boxers à la fin du siècle ont décrédibilisé la dynastie mandchoue. Celle-ci, incapable de maintenir l'unité du pays fut remplacée en 1911 par la République de Sun Yat-sen puis de Tchang Kai-chek qui échouent à rétablir l'unité de la Chine et firent le lit du communisme : la Mongolie fait sécession en 1911, le Tibet déclare son indépendance en 1913. La Mandchourie occupée par les japonais en 1931 déclare son indépendance en 1932. Suprême humiliation, la Chine qui se considérait depuis toujours supérieure au Japon, est envahie de 1937 à 1945 par le Japon qui y commet des exactions de masse. Les morts par dizaines de millions des famines du Grand Bond en avant (1958-1960) et de la révolution culturelle complètent ce tableau de souffrances inouïes.

Aujourd'hui, la méfiance reste grande entre le Japon démocratique allié des américains et la Chine communiste devenue en trois décennies la seconde puissance économique mondiale. Après les humiliations des deux derniers siècles, les chinois, fiers de leur civilisation millénaire qui se confond avec leur peuple, semblent attachés en priorité à l'unité et à la grandeur du pays, à l'élévation du niveau de vie et à la réduction de la corruption et de la pollution. La démocratie et les droits de l'homme occidentaux sont d'autant moins prioritaires que la disparition de l'URSS communiste en 1991 est analysée comme l'exemple à ne pas suivre.

La Chine est en tout cas prudente et sensible au temps long, qu'illustre par la réponse souvent citée de Zhou Enlai, premier ministre de Mao à qui l'on demandait ce qu'il pensait des conséquences de la Révolution française : « il est encore trop tôt pour le savoir ».

2. L'islam, le sunnisme et le chiisme

Les hebdomadaires occidentaux se plaisent à opposer le sunnisme et le chiisme, deux branches de l'Islam. Ils aiment conter cette histoire de famille et de gendre quand les Omeyades issus d'une tribu de La Mecque prirent le pouvoir à la mort de Mahomet, en 632 de l'ère commune. Cette famille n'avait pas de légitimité religieuse particulière et fut donc contestée par ceux qui considéraient qu'un descendant du Prophète, son gendre Ali, devait prendre la direction du Califat Ces derniers incarnent le courant chiite minoritaire.

La Révolution islamique de 1979 en Iran chiite a beaucoup contribué à mettre ce clivage sunnisme chiisme sur le devant de la scène. Il avait jusqu'ici relativement peu pesé sur le monde musulman et sur la géopolitique, comme le souligne Alain Minc dans son dernier livre *Une humble cavalcade dans le monde de demain*.

Contrairement à l'opposition sunnisme chiisme, les clivages au sein du sunnisme majoritaire sont assez méconnus du monde occidental. Il en va de même du *Coran*. Il y a au moins deux explications à ce constat.

La culture occidentale, chacun le sait, n'est pas d'inspiration musulmane mais judéo chrétienne, elle-même imprégnée du rationalisme grec, saint Augustin ayant réalisé la synthèse du christianisme avec Platon au Ve siècle après Jésus-Christ et saint Thomas d'Aquin celle du christianisme avec Aristote au XIIIe siècle de notre ère.

Ensuite, le Coran est un texte difficile d'accès, beaucoup plus difficile à lire que la Bible hébraïque qui, pourtant, on s'en souvient, ne se lit pas comme un roman. Pour un occidental « certains versets du Coran sont clairs mais l'ensemble du texte est extrêmement difficile à lire. Les chrétiens lisent la Bible comme de la prose, les musulmans lisent le Coran comme de la poésie : les mots sont uniques, irremplaçables, chacun à sa place et faire entendre ces sons sacrés est déjà un acte religieux » écrit Adrien Candiard *dans Comprendre l'Islam.*

Ce désintérêt occidental relatif évolue sous la pression des évènements récents. Comprendre le monde musulman et l'islam est un impératif depuis le coup de tonnerre de la révolution iranienne et l'établissement de la République islamique d'Iran en 1979. Le courant chiite minoritaire prit alors le leadership musulman de la contestation de l'occident, remit en question la domination sunnite sur l'islam et marqua l'entrée en ébullition du monde musulman.

Depuis 1980, les évènements dramatiques et violents traversent sans relâche le Proche-Orient. Jugez plutôt : assassinat du président égyptien Anouar el Sadate par des salafistes en 1980 par un assaut de troupes militaires pendant un défilé, guerre Iran-Irak des années quatre-vingt, guerre du Golfe de 1990-1991 après l'invasion du Koweït par l'Irak en août 1990, guerre civile algérienne des années quatre-vingt-dix, attentats suicides d'Al-Qaïda le 11 septembre 2001 sur les tours du World Trade Center à New York et sur le ministère de la défense , « le Pentagone », à Washington, guerre en Afghanistan contre les talibans à partir de 2002, seconde guerre du Golfe à partir de 2003, révolutions des printemps arabes de 2011 en Tunisie, en Égypte et en Syrie, intervention française et anglaise en Lybie en 2012, création de l'État Islamique (EI) sunnite qui s'empare de larges territoires irakiens et syriens en 2013, attentats de l'EI en Europe notamment à Paris le 13 novembre 2015, coup d'état manqué en Turquie en 2016 suivi d'arrestations massives et de conflits avec les Kurdes, guerre de l'Arabie Saoudite au Yémen.

Dans l'Occident des Lumières et dans l'Europe des années 70 qui a massivement relégué la religion dans la sphère privée, la tentation musulmane du retour à des sociétés religieuses est perçue comme une régression, contraire au sens de l'histoire perçu par l'occident. Le fait musulman suscite inévitablement une curiosité nouvelle et générale pour l'islam, le *Coran*, la Charia, le djihad. Des questions récurrentes surgissent dans le débat occidental : le Coran promeut-il la violence ? La religion musulmane est-elle compatible avec la démocratie ? Le statut de la femme dans la religion musulmane est-il respectueux des « droits de l'Homme » ? Faut-il arrêter l'immigration musulmane en Europe ?

L'ambition n'est pas ici de répondre à ces questions mais de planter le décor avec quatre idées générales.

La rapidité de l'expansion de l'islam après sa création fut exceptionnelle. L'islam est né en terre arabe, l'actuelle Arabie saoudite, en 622, date de l'Hégire, premier jour du calendrier musulman. Mahomet, fondateur de l'Islam, meurt en 632. Cent ans après seulement après sa mort, Charles Martel « arrête les arabes à Poitiers en 732 », comme nous avons tous appris à l'école. Ces deux dates m'ont toujours interpellé.

En cent ans, la famille des Omeyades, issue de La Mecque, a pris le pouvoir après la mort de Mahomet, a conquis à partir de l'Arabie désertique, une partie importante de l'ex-empire romain d'occident, et a installé le siège du Califat à Damas dans l'actuelle Syrie. Ce succès foudroyant n'est pas anodin. Il témoigne de la décomposition politique et militaire de l'ex-empire romain et du dynamisme militaire et politique des Omeyades. En 750 date de l'avènement de Charlemagne, la dynastie des Abbassides supplante les Omeyades de Damas et installe le califat à Bagdad dans l'actuel Irak.

La brillante civilisation musulmane et l'implantation de l'islam en Inde, au Pakistan, en Indonésie, en Asie Centrale et en Afrique (avec les fameux soufis du Sénégal par exemple) montrent l'attrait de cette religion qui, c'est un fait, a séduit. Une des sources de la séduction de la religion musulmane rarement citée est peut-être son égalitarisme promu par la communauté primitive de Mahomet à Médine lors de l'Hégire. L'Hégire marque l'émigration de Mahomet à Médine pour y créer une communauté de croyants qui rompt avec le modèle fondé sur les liens du sang. Il fonde une communauté de frères égaux et croyants où on ne doit pas abandonner le faible. Cette dimension égalitaire est, avec le succès militaire, probablement importante dans l'expansion de l'Islam.

La seconde idée socle est qu'il n'y a pas un islam mais des islams. L'opposition classique et historique, entre l'islam chiite et l'islam sunnite, à la mort du Prophète en 632 ap. J.-C. n'est qu'un des aspects de cette diversité qui ne doit pas surprendre. La religion chrétienne se partage elle-même, depuis le schisme de l'année 1054 entre orthodoxes et catholiques et depuis la réforme protestante de Luther et de Calvin au XVIe siècle entre catholiques, protestants et orthodoxes. Les nombreuses églises protestantes (baptistes, évangélistes, presbytériens etc.) dans le monde anglo-saxon ainsi que les mouvements qualifiés d'hérésies (les cathares par exemple) ou simplement condamnés comme le jansénisme témoignent de cette diversité.

La diversité culturelle de l'islam est également grande. L'islam est né en terre arabe, mais le premier pays musulman du monde par la population, l'Indonésie, n'est pas arabe. La population iranienne est perse et non arabe et l'Inde hindouiste compte plus de musulmans que le Proche-Orient arabe.

La diversité vient aussi des multiples interprétations et lectures possibles du Coran. Les points d'accord entre tous les musulmans du monde sont importants, mais assez peu nombreux : la croyance en un Dieu unique, la croyance que le Coran exprime la parole même de Dieu révélée à Mahomet son prophète, et la foi qu'un jugement dernier nous attend. À ces croyances s'ajoutent des rites communs tel le pèlerinage à la Mecque qui réunit chaque année des millions de pèlerins venus du monde entier et renforce un imaginaire partagé (le califat, la communauté primitive de Médine, etc.).

Le grand clivage historique oppose le sunnisme majoritaire et le chiisme minoritaire. Le chiisme est majoritaire dans peu de pays : en Iran, en Irak, au Bahreïn. Il existe aussi quelques minorités chiites importantes, les alaouites en Syrie, les houthistes au Yémen, et les chiites du Liban. Même s'il y a des désaccords doctrinaux, il ne semble pas ou plus y avoir de divergence religieuse fondamentale entre les sunnites et les chiites. L'opposition parait aujourd'hui plus communautaire que strictement religieuse. Rappelons, nous en avons déjà parlé, que les mollahs chiites d'Iran apprennent une métaphysique héritée des grecs et d'Aristote. L'Iran a clairement le leadership chiite, tandis que le leadership sunnite est disputé entre la Turquie (siège de l'ex Empire Ottoman disparu en 1918) et l'Arabie saoudite. Le conflit entre les communautés sunnites et chiites est pourtant devenu d'une extrême violence. En Irak la guerre civile entre chiites et sunnites cause à partir de 2006 des centaines de milliers de morts et se termine par la prise de pouvoir à Bagdad des chiites et la création au nord de l'Irak et en Syrie de l'État Islamique par des sunnites salafistes d'Irak qui reprennent la notion de califat abandonnée depuis un siècle. Au Yémen l'Arabie saoudite sunnite est engagée dans un conflit armé depuis 2015 contre les minorités chiites houthistes et la tension est forte entre l'Iran chiite hostile aux États-Unis et l'Arabie saoudite sunnite alliée des États-Unis.

La troisième idée aide à comprendre les évènements récents. Une lutte nouvelle est engagée au sein du monde sunnite majoritaire pour redéfinir l'orthodoxie musulmane. L'irruption de la modernité occidentale, l'efficacité de la technologie européenne, l'attrait culturel de l'Occident des Lumières et l'humiliation de la colonisation ont déclenché dans le monde musulman une remise en cause de l'islam classique, traditionnel et culturel qui est rendu responsable du recul relatif de la civilisation musulmane. Cet islam traditionnel incarné historiquement par les empires Omeyades, Abbasides puis Ottomans, tous sunnites, est contesté par des mouvements nouveaux, le salafisme et le mouvement des Frères musulmans, nés depuis un siècle environ. Ces deux courants veulent revitaliser l'islam avec deux approches différentes, rivales et conflictuelles.

Le salafisme n'est pas un mouvement politique, c'est d'abord un mouvement religieux qui veut régénérer l'islam par une nouvelle lecture de la religion en rupture avec l'islam classique et traditionnel. Le salafisme est un mouvement radical religieux né en réaction à la modernité occidentale. Il veut revenir à ce qui est perçu comme l'islam pur des origines, qui serait celui de la communauté musulmane de Mahomet à Médine.

La majorité des salafistes se désintéressent de la politique et prônent la soumission aux autorités. Le salafisme n'est donc pas nécessairement violent. Mais tous les groupes violents, Al-Qaïda et État Islamique en tête, sont issus du salafisme. Le salafisme est hostile à la démocratie, à la *Déclaration des droits de l'homme* et à l'égalité des hommes et des femmes. Son influence est grandissante dans le monde arabe et en Europe. Il est très proche du wahhabisme qui est une variante du salafisme. Le wahhabisme né à la fin du XVIIIe siècle s'est imposé en Arabie saoudite quand la famille Saoud prit le pouvoir en 1932, donnant son nom à l'actuelle Arabie saoudite. Comme le salafisme, le wahhabisme prône un islam simple et rigoriste, au nom de la pureté et de l'imitation de la première communauté du Prophète. La richesse pétrolière de l'Arabie saoudite, son alliance avec les États-Unis, ont donné un élan mondial au salafisme.

Le mouvement des Frères musulmans, sunnite, est d'abord un mouvement politique qui ne veut pas changer l'islam traditionnel mais instaurer un gouvernement islamique. Le mouvement des Frères musulmans fondé en Égypte en 1928, est né en réaction à l'échec de la civilisation musulmane face à la colonisation. C'est d'abord un mouvement politique, qui veut prendre le pouvoir et s'accommode du cadre de l'état nation. C'est le principal mouvement islamiste du monde arabe. Il s'agit d'appliquer l'islam pour gouverner la société, sans nécessairement réformer l'islam, contrairement aux ambitions salafistes qui veulent un nouvel islam « pur », reprenant les valeurs de la première communauté de l'Hégire. « Notre constitution c'est le Coran, une seule loi, la charia » est un slogan des Frères musulmans dont l'objectif est de prendre le pouvoir pour appliquer la loi religieuse, comme l'ont fait à partir de 1979 les chiites iraniens.

Au sein du sunnisme, les salafistes sont fréquemment en conflit avec les Frères musulmans. En Égypte, les salafistes ont soutenu en 2013 la prise de pouvoir de l'armée contre un président issu des Frères musulmans. Pendant la guerre civile algérienne, le Front islamiste du salut (FIS) est islamiste mais c'est le Groupe islamiste armé (GIA), salafiste qui choisit la lutte armée et le terrorisme.

Le monde musulman vit une crise profonde, ponctuée de guerres et de révolutions. À la crise entre chiites et sunnites, s'ajoute la crise au sein du sunnisme entre l'islam classique impérial traditionnel et l'islam salafiste pour redéfinir l'orthodoxie. Stabiliser la question musulmane sera long et l'affaire d'une génération a prédit Tony Blair, alors Premier ministre britannique dans les années 2000.

La quatrième idée générale concerne le rapport de l'Islam au droit. L'islam ne prescrit aucune forme politique particulière, monarchie, république, démocratie ou empire. En revanche, pour l'islam, le seul législateur légitime, la seule source ultime du droit est Dieu. Et le Coran est « dicté » par Dieu, quand le Nouveau Testament des catholiques est seulement « inspiré » par Dieu. Le statut du texte sacré n'est pas le même. Tous les hommes sont dans la perspective de l'islam naturellement musulmans ce qui explique que le baptême n'est pas nécessaire. La loi musulmane a vocation à s'appliquer à tous. C'est une différence avec la loi juive qui dans la Bible hébraïque est explicitement réservée aux juifs. Cette loi musulmane c'est la charia. « L'islam a développé la forme la plus achevée de législation divine. Les faits et gestes du prophète Mahomet, « le bel exemple », sont dans la pratique une source de droit bien plus importante que le Coran, car celui-ci ne se prononce que sur quelques points du droit pénal, de la famille et des successions » écrit Rémi Braque. « Ainsi s'est construit un droit, qui n'est pas unifié, mais qui a comme fond l'idée générale que le droit est d'origine divine ».

Le fait musulman pose la question des sociétés religieuses et de la coexistence de deux visions du droit sur un même territoire. La conception musulmane du droit d'origine divine s'oppose à la conception occidentale fondée sur le droit naturel ou sur le positivisme juridique. En France particulièrement, le droit s'est construit avec les Lumières et la Révolution contre le surnaturel et contre la religion catholique. En Europe qui a privatisé la religion à partir des années soixante-dix et qui est allé sur ce plan beaucoup plus loin que les États-Unis, où la religion est l'un des fondements historiques de la liberté, la question de la coexistence de ces deux visions du droit est posée.

Pour aller plus loin :

Philippe Barret, *N'ayez pas peur de la Chine*, Robert Laffont, 2018
Rémi Brague, *Sur la religion*, Flammarion, 2018
Adrien Candiard, *Comprendre l'islam*, Champs, Flammarion, 2016
François Cheng, *Vide et plein, le langage pictural chinois*, Éditions du Seuil, 1979
François Laplantine, *Le Japon ou le sens des extrêmes*, Presses Pocket Agora, 2017
Trinh Xuan Thuan, *La plénitude du vide*, Albin Michel, 2016

CHAPITRE VII

LA CULTURE D'ENTREPRISE

Les temps changent. En quelques années, le moment d'une génération, la France républicaine, vouant un culte au service public et à la langue française, la France indépendante du général de Gaulle, a été partiellement remplacée par une France qui valorise l'entreprise, l'Amérique et la langue anglaise.

L'attrait des carrières professionnelles l'atteste. En 1980, le service public était en France la carrière de prestige. Étudier dans une grande école, en sortir dans un grand corps de l'État, au Conseil d'État, dans le corps des Mines, à l'Inspection des finances, à la Cour des comptes, pour être directeur du Trésor, d'une d'administration centrale ou d'un cabinet ministériel, c'était faire partie d'une nouvelle aristocratie, être « Duc de France », comme l'a écrit Alain Minc, sorti de l'E.N.A. dans le corps des Inspecteurs des finances.

À partir de 1980 et surtout des années quatre-vingt-dix, la situation évolue : c'est le temps des grands groupes privés internationaux, General Electric en tête, et de l'envol des rémunérations des cadres des sociétés du CAC 40. Ce phénomène est facilité par le mouvement de privatisation en France, de la déréglementation voulue par Ronald Reagan aux États-Unis et de Margaret Thatcher au Royaume-Uni, de la mondialisation et de la financiarisation qui suit les chocs pétroliers des années soixante-dix. Il faut bien recycler la manne pétrolière. Les inspecteurs de finance Alain Minc, Jean-Marie Messier et bien d'autres, quittent la fonction publique. Faire carrière dans une société du CAC 40 (Vivendi, Total), une grande banque (Goldman Sachs,

Lazard), un cabinet de conseil de renom mondial (McKinsey, BCG) devient prestigieux et rémunérateur.

À partir des années 2000 s'amorce une troisième phase, celle de l'entrepreneur. La révolution internet confère un prestige inédit au créateur d'entreprise. Son potentiel d'innovation a été identifié avec éclat dès 1910 par l'économiste Schumpeter auteur du concept de « destruction créatrice ». Steve Job a débuté dans un garage pour créer Apple, Bill Gates a arrêté ses études à Harvard pour lancer Microsoft. Ils ont créé en quelques décennies les plus grandes entreprises et capitalisations boursières du monde. Plus récemment Elon Musk, sans fortune familiale, a révolutionné en dix ans la voiture électrique avec Tesla et les lanceurs de satellites avec Space X, deux secteurs qu'il ne connaissait pas. Avec de tels modèles, créer son entreprise, sa start-up devient le prestige suprême, à condition de réussir. C'est aussi le temps des « Leverage Buy-Outs » et des fonds d'investissements qui connaissent un formidable essor avec des rémunérations inédites pour leurs cadres dans la décennie 1998-2008 et de nouveau depuis 2016.

Quelle époque pour l'entreprise ! Le leadership, l'innovation, la négociation, les fusions acquisitions, la stratégie, l'organisation et les « facteurs clés de succès » des entreprises deviennent des sujets d'étude et de recherche. L'entreprise est analysée sous toutes les coutures. La Harvard Business Review publie chaque mois les résultats des recherches diffusés et lus dans le monde entier. Les diplômes MBA, Masters en Business Administration, quasiment inconnus hors des États-Unis il y a un demi-siècle deviennent une référence mondiale avec un classement établi par le *Financial Times*. Bref, comprendre « la culture d'entreprise », chaque société étant censée avoir la sienne, est devenu un impératif. On peut s'en réjouir ou le regretter, mais ces concepts font partie de la culture générale au même titre que les tragédies d'Eschyle, ou presque !

Dans l'objectif de ce livre, qui est de mettre en lumière quelques idées générales sur la culture commune, j'ai retenu trois thèmes très différents, l'effet de levier, la négociation et le temps des algorithmes.

L'effet de levier, que l'on devrait appeler l'effet de levier de la dette, est au cœur de l'expansion financière des dernières décennies.

La négociation, rarement mise en lumière, est à un certain niveau, l'apanage des gens cultivés qui se mesurent dans un combat d'intelligences qui nécessite aussi « des tripes ».

Les algorithmes sont encore un mot ou un concept un peu obscur et d'usage limité dans les entreprises autres que celles du monde internet mais ils annoncent l'économie de demain. De même que les premières usines anglaises de la révolution industrielle du XVIIIe siècle annonçaient le monde du XXe siècle, les algorithmes domineront notre vie et celle de l'entreprise au XXIe siècle et probablement avant 2050. Déjà Google, Facebook et d'autres entreprises, inconnues il y a peu, figurent parmi les plus grosses capitalisations boursières du monde devant les sociétés pétrolières qui faisaient la course en tête depuis un siècle.

Gardons les pieds sur terre. L'entreprise achète des ressources et vend des produits ou des services. « Ce n'est pas de la physique nucléaire » répétait avec bon sens mon président à la Compagnie Générale des Eaux. Les conclusions rédigées avec soin sur les premières pages des rapports de McKinsey sont généralement simples et claires, au point de décevoir parfois les clients ! Il ne faut pas s'en étonner. Certaines techniques financières, comme les calculs d'options, les algorithmes et certains travaux d'ingénieurs nécessitent un haut niveau de mathématiques. Mais, la plupart des entrepreneurs utilisent seulement les opérations les plus simples de la machine à calculer.

1. L'entreprise et l'effet de levier

L'effet de levier ne fait pas exception à ces règles de bon sens.

La dette et les capitaux propres

Une entreprise, pour fonctionner, a besoin d'argent qui à deux origines et deux seulement : la dette et les capitaux propres. Les capitaux propres sont aussi appelés actions, capital, ou « Equity » dans le vocabulaire anglo-saxon. Le capital appartient aux propriétaires qu'on appelle les actionnaires.
La dette est habituellement fournie par les emprunts réalisés auprès des banques, ou par la levée d'obligations sur les marchés financiers ou enfin par les fournisseurs qui font crédit quelques mois à l'entreprise.
C'est ce que décrit le bilan de toutes les entreprises du monde : au passif sont inscrits les dettes et les capitaux propres. À l'actif figure l'emploi de cet argent qui a fondamentalement trois destinations : des immobilisations en machines, en licences, en immobilier ; le stock et les comptes clients (ce qui est livré aux clients et qu'ils n'ont pas encore payé) et la trésorerie.
À la fin de l'année, le compte de résultat fait apparaitre le résultat net, ce qu'ont gagné les propriétaires c'est-à-dire les actionnaires. Et cet argent leur est versé sous forme de dividendes ou laissé dans l'entreprise venant ainsi augmenter les capitaux propres de l'actionnaire au passif du bilan.
Voilà, quand on a compris ce qui relève du niveau des comptes de cuisine de toute ménagère, on sait déjà beaucoup. L'affaire est démystifiée. Il reste deux étapes simples à intégrer.

Public et Private Equity

Si les capitaux propres sont fournis par la bourse, donc potentiellement, par tout le public désireux d'acheter des actions, on parle dans le langage anglo-saxon qui s'est imposé, de « Public Equity ». Equity nous l'avons vu est le terme anglais pour les capitaux du propriétaire ou les actions. « Public » est donc un faux ami en français. Il ne signifie absolument pas que l'argent vient de l'état ou du contribuable. Public Equity veut dire ici que les capitaux sont levés en bourse, par opposition aux capitaux levés de manière privée dans la famille, chez des amis -le concept « friends and family » est d'usage courant - et surtout auprès des fonds d'investissements qui sont donc des fonds de « Private Equity ».

L'effet de levier entre la dette et les actions

Et nous arrivons au cœur du moteur de la finance moderne : l'effet de levier (« leverage » en anglais) entre la dette et les capitaux propres fondement de tous les montages des fonds d'investissements.
Ce mécanisme a permis de constituer des fortunes dans les années 2000. Curieusement, sa logique profonde est assez méconnue, même chez les cadres de direction.
Dans notre enfance, nous avons appris que s'endetter c'était plutôt mal ou dangereux. Or l'endettement est au cœur du financement de l'entreprise moderne. Donald Trump a pu dire avec fierté aux États-Unis lors de la campagne présidentielle de 2016 qu'il était « le roi de la dette ».
C'est que la dette est rémunérée par des taux d'intérêts qui sont une charge fixe. Les taux peuvent être variables, mais ils sont très inférieurs à la rémunération attendue par les capitaux propres, qui ne sont rémunérés qu'après la dette et sont donc plus risqués. Ce qui revient aux actionnaires-propriétaires, c'est ce qu'a gagné l'entreprise après avoir payé ses charges et notamment la charge de ses dettes.

L'effet de levier, - on devrait préciser l'effet de levier de l'endettement - c'est le recours à beaucoup de dettes et peu d'actions, à l'extrême 90 % de dettes et 10 % de capitaux propres. Si l'entreprise fonctionne bien, qu'elle se développe, la rémunération en pourcentage des actions sera considérable. Si l'entreprise fait des pertes, les actions vaudront zéro, mais peu aura été investi par l'actionnaire. Ce n'est pas l'actionnaire qui perdra mais la banque ou le prêteur (celui qui a souscrit des obligations par exemple).

Rien de compliqué dans le principe, mais dans les années 1998-2008, beaucoup d'investissements ont eu un retour considérable grâce à ce principe qui fonctionne très bien en phase de croissance. Les fonds d'investissements ont vécu et vivent sur ce principe. Leur objectif est au minimum de doubler leur mise en sept ans.

Mais la crise des subprimes aux États-Unis en 2008 et la faillite historique de la banque Lehman Brothers ont mis en lumière les risques de la dette. Il a fallu l'intervention énergique des États au chevet des banques pour soutenir le système.

2. La négociation est un combat d'intelligences

« C'est aux détails qu'on voit l'essentiel », répétait dans les années quatre-vingt-dix Jean-Pierre Quinio, directeur général de la Compagnie Générale des Eaux, qui fut un mentor attentif. Cette phrase était celle d'un négociateur de talent comme l'étaient tous les grands directeurs du groupe alors présidé par Guy Dejouany. Il nous enseignait que la négociation est un combat d'intelligences.

La négociation a pourtant mauvaise réputation dans la culture catholique. Négocier serait mal ou frustre. Le maquignon qui négocie la vente de ses bestiaux en dissimulant leurs défauts et en évaluant son client n'a pas une image relevée.

Pourtant les responsables économiques, politiques, religieux, médiatiques ou sportifs négocient. La négociation est même essentielle à l'exercice de leurs responsabilités. Tous les hommes de culture cités en début de ce livre, sont des négociateurs. Le grand Montaigne fut sollicité par la monarchie pour négocier au temps des guerres de religion. Dans l'entreprise qui achète des ressources et vend des produits ou des services, l'intérêt de la négociation relève de l'évidence. Et que nous le voulions ou non, nous vivons de plus en plus dans un monde d'échanges et d'argent où la négociation a changé de dimension.

Nous négocions tous et tout le temps : en famille pour choisir le lieu des vacances, avec des voisins pour acheter une voiture, avec des propriétaires pour acheter ou louer une maison. Avec notre employeur nous négocions notre salaire. Avec les syndicats de salariés, les entreprises négocient des accords et des sorties de crise. Les fusions et acquisitions d'entreprises sont des négociations. Les gouvernements négocient des traités, des lois, des réformes, des accords.

Plus on accède à des responsabilités, plus la maîtrise de la négociation est importante. Loin d'être une activité frustre, la négociation est une activité qui permet de régler des conflits de manière amiable et de créer de la valeur. Elle requiert de s'adapter à la culture de l'autre. Elle sollicite l'art de la conversation. Elle nécessite subtilité et psychologie.

Elle bâtit une histoire : on ne fait pas bouger une entreprise, un pays, avec une idée, mais avec une histoire.
Combat d'intelligences, prise en compte des cultures, élaboration d'une histoire, savoir-faire de dirigeant, art de la conversation : à un certain niveau, la culture aide le négociateur et le négociateur a besoin de la culture. Négliger la négociation, c'est s'exposer à passer pour « rustique », comme on disait à la Compagnie Générale des Eaux. Et les anglo-saxons qui ont les pieds sur terre répètent que « you don't get what you deserve, you get what you have negotiated ». Dans la vie « on n'a pas ce qu'on mérite, on a ce qu'on a négocié ». Je n'ai jamais oublié ce dicton qui figurait sur la pochette de l'accoudoir d'un avion.
La négociation est un art, dit-on. Peut-être. Mais c'est surtout une matière qui s'enseigne et s'apprend, du travail de préparation et des « tripes » pour tenir une position.
Il y a près de trente ans, arrivant à Fontainebleau pour préparer le « MBA » de l'INSEAD, je fus très surpris que le programme comportât un cours de négociation obligatoire. Je m'attendais à des matières convenues, comptabilité, finance, marketing, économie, et je découvrais que la négociation était aussi une matière d'enseignement. Ce fût pour moi une révélation.
On y apprenait les différentes phases d'une négociation et l'intérêt de respecter des étapes : préparer, créer un climat de confiance, comprendre les besoins de l'autre, négocier, conclure, formaliser l'accord. Chaque phase a ses enjeux.
On y apprenait surtout la différence entre les négociations à une dimension (le prix le plus souvent, lors de la négociation de la vente d'une voiture par exemple) qui sont des négociations à somme nulle où ce que gagne l'un est perdu par l'autre, et les négociations à plusieurs dimensions (le prix, mais aussi par exemple la date, l'impact fiscal, et bien d'autres variables), plus complexes où des concessions qui ne vous coûtent rien peuvent apporter beaucoup au négociateur adverse et réciproquement. On crée ainsi de la valeur.
S'initier à la négociation, admettre qu'elle est une activité positive, une forme de culture, la pratiquer par plaisir est une clé de la réussite.

Une initiation à la négociation devrait être donnée à l'école, d'autant qu'elle s'enseigne avec des cas ludiques, en créant des binômes de négociateurs et en comparant les résultats des différents binômes. On voit alors de manière objective si on a bien négocié, ce qui est rarement possible dans la vraie vie.
L'université de Harvard communique régulièrement sur sa recherche en négociation. Elle a montré par exemple que l'anxiété, la colère et la précipitation sont généralement de mauvaises conseillères et que les différences culturelles doivent être prises en compte. En Asie il est important de créer des liens personnels avant de négocier.
Il ne faut donc pas avoir peur de négocier et s'entrainer. Un bon début est de faire moins d'affirmation, de démonstration, et plus d'écoute, de reformulation et de vision positive. C'est notre tendance à tous de pousser nos arguments. Parfois il faut savoir quitter provisoirement la table, faire une pause qui n'est pas naturelle quand on est dans le feu d'une négociation. S'entrainer à pratiquer les trois modes que l'anglais, toujours concis, appelle « push », « pull » et « escape» est un bon exercice. Une manière plus française de formuler la même idée est de se souvenir que « ce qui est suggéré a souvent plus de force que ce qui est dit ».

3. Le temps des algorithmes

Voici venir le temps des algorithmes. Trois ruptures simultanées ouvrent d'immenses possibilités. La capacité des ordinateurs à traiter des millions de données en moins d'une seconde, ajoutée à la possibilité récente de stocker et de transporter des milliards de données (grâce à la libre circulation des données et Internet) et le développement d'algorithmes complexes qui programment et séquencent les prises de décisions ouvrent la voie à une nouvelle révolution industrielle, celle de l'intelligence artificielle.

Cette révolution a déjà commencé. Elle ne concernera pas toutes les entreprises, mais elle en affectera beaucoup, parmi les plus dynamiques.

Un algorithme est une suite de tâches séquencées confiées à un ordinateur pour effectuer en temps réel des calculs, résoudre des problèmes, analyser et proposer des décisions. L'algorithme de recherche de Google qui nous donne instantanément accès à une grande partie du savoir de l'humanité est très complexe. Il est dit-on écrit par des équipes considérables et aucun individu n'est capable d'en maîtriser la totalité.

L'algorithme est aussi une nouvelle manière de voir le monde. Des biologistes ont acquis la conviction que les organismes vivants sont le produit d'un algorithme qui programme la reproduction. L'essentiel de nos décisions serait le fruit d'algorithmes biochimiques que nous appelons émotions, sensations et désirs. L'ADN est lui-même une molécule géante contenant des milliards d'atomes qui stocke notre code génétique et fonctionne comme un algorithme biochimique. Les sociétés d'abeilles seraient régies par des algorithmes. L'économie enfin peut être vue comme un système de traitement de données : le mécanisme des prix recueille les désirs et les capacités et les transforme en décisions.

À l'évidence, les entreprises des secteurs informatiques et de la santé seront transformées par les algorithmes. L'ordinateur puisant dans les données de milliards d'êtres humains sera capable en quelques secondes de proposer un diagnostic structurellement plus fiable que celui des médecins, qui conserveront une fonction importante mais différente.

Dès à présent les voitures autonomes de Google et Tesla sont contrôlées chaque seconde par des algorithmes qui effectuent en temps réel des millions de calculs. Elles vont révolutionner les entreprises automobiles.

Ces algorithmes permettent de tracker les gaspillages et offrir de nouveaux services. Nos voitures sont à l'arrêt l'essentiel du temps et transportent souvent le seul conducteur. Frédéric Mazzella, le fondateur de Blablacar raconte qu'en rentrant de l'université de Stanford où il étudiait l'informatique après avoir étudié à Normale Sup, il a eu l'idée de créer une société de covoiturage pour rentrer chez ses parents et qu'il a écrit lui-même l'algorithme qui permet d'organiser le service. Blablacar est aujourd'hui le leader mondial du covoiturage.

Des algorithmes observent sans cesse ce que nous faisons et ce que nous aimons via internet pour nous proposer des services ou des produits ciblés sur nos goûts et nos habitudes, ce qui révolutionne le marketing.

Peut être les algorithmes annoncent-ils le retour des sciences dures dans l'entreprise. En tout cas, l'algorithme fait désormais partie de la culture commune.

CONCLUSION

Nous arrivons au terme de notre promenade dans la culture générale. L'itinéraire et les chemins parcourus peuvent bien entendu être discutés. La part consacrée aux romains, Cicéron, Virgile, Horace, Tacite et Ovide pourrait être développée. Mais dans l'objectif de ce livre qui est de mettre en valeur quelques idées générales utiles à la compréhension de notre temps, l'histoire romaine, passionnante, ne m'a pas paru une priorité : les romains sont les héritiers de la culture grecque qu'ils admiraient. Rome a vaincu la Grèce mais la culture grecque a traversé les âges par la force des idées qu'elle a semées.

Dans un autre registre, moins classique, le vin, incontestable marqueur de la culture française pourrait figurer dans ce petit guide. Il est vrai qu'il n'est pas de repas un peu formel en France qui ne débute par un feu d'artifice d'érudition sur les cépages, les grands crus, les mérites comparés du Bourgogne, du Bordeaux, du blanc, du rouge, des châteaux, des viticulteurs, quand on ne revisite pas le Chianti italien, la Nappa californienne ou l'Aconcagua au Chili ! Ce rituel français est probablement unique au monde. Un grand président de groupe, François Pinault, a déclaré un jour qu'il ne recruterait pas un cadre qui n'apprécierait pas un bon vin français. Il faut connaître et aimer nos vins, savoir en parler, mais il m'a semblé, que l'initiation à l'œnologie n'était pas une priorité dans ce petit guide dont l'objectif est de transmettre en peu de pages, les clés d'entrée dans la culture occidentale.

Chères Margot et Julia, vous pouvez « détacher votre ceinture ». Avec ces quelques idées, il vous appartient de bâtir votre propre culture. Ce sera l'une des joies de votre vie.

Je laisse le mot de la fin à Jacqueline de Romilly, qui a enchanté des générations de lecteurs et qui nous manque : « La culture est peut-être faite de ces impressions éphémères, dont nous restons pourtant marqués, en profondeur. C'est la petite surprise qu'inspire à chaque fois la rencontre de l'humain ».

BIBLIOGRAPHIE

Aurélien Barrau, *Big-Bang et Au-delà - Les nouveaux horizons de l'univers*, Dunod, 2016

Philippe Barret, *N'ayez pas peur de la Chine*, Robert Laffont, 2018

Paul Benichou, *Morales du Grand Siècle*, Gallimard, 1948

Rémi Brague, *Sur la religion*, Flammarion, 2018

Adrien Candiard, *Comprendre l'islam*, Champs, Flammarion, 2016

François Cheng, *Vide et plein, le langage pictural chinois*, Éditions du Seuil, 1979

Luc Ferry, *La sagesse des mythes. Apprendre à vivre - 2*, Plon, 2008

Luc Ferry, Lucien Jerphagnon, *La tentation du christianisme*, Grasset, 2009

Christophe Galfard, *L'Univers à portée de main*, Flammarion, Juin 2015

Ernst H. Gombrich, *Histoire de l'art*, traduit de l'anglais par J. Combe et C. Lauriol, Gallimard, 1977

Marcel Gauchet, *L'Avènement de la Démocratie, t.4, Le Nouveau Monde*, Gallimard, 2017

Henri Guaino, *En finir avec l'économie du sacrifice*, Odile Jacob, 2016

Jeanne Hersch, *L'étonnement philosophique*, Folio essais, 2008

René Huygue, *Sens et Destin de l'Art*, Flammarion, 1967

Jacques Julliard, *Les Gauches françaises. 1762-2012*, Flammarion, 2012

François Laplantine, *Le Japon ou le sens des extrêmes*, Presses Pocket Agora, 2017

Mickael Launay, *Le grand roman des Maths*, Flammarion, 2016

André Malraux, *La Métamorphose des Dieux. Le Surnaturel* ; *L'Irréel* ; *L'Intemporel*, Gallimard, 1984

Alain Minc, *Une humble cavalcade dans le monde de demain*, Grasset, 2018

Jean d'Ormesson, *Une autre histoire de la littérature française*, NL éditions, 1997-1998

Jean d'Ormesson, *C'est une chose étrange à la fin que le monde*, Robert Laffont, 2010
Jean d'Ormesson, *Comme un chant d'espérance*, Éditions Héloïse d'Ormesson, 2014
Jean d'Ormesson, *Et moi je vis toujours*, Gallimard, 2017
Pascal Picq, Philippe Brenot, *Le Sexe, l'Hommes et l'Évolution*, Odile Jacob, 2009
Alain Pompidou et Eric Roussel, *Georges Pompidou. Lettres, notes et portraits, 1928-1974*, Robert Laffont, 2012
René Rémond, *Le XIXe siècle 1815-1914, Introduction à l'histoire de notre temps, 2*, Éditions du Seuil, Histoire, 1974
Jean-François Revel, *Histoire de la philosophie occidentale*, NiL éditions, 1994
Thomas Römer, *La Bible, quelles histoires !* Labor et Fides, 2014
Thomas Römer, *L'Invention de Dieu*, Seuil, 2014
Jacqueline de Romilly, *La tragédie grecque*, PUF, 1970
Jacqueline de Romilly, *Pourquoi la Grèce*, De Fallois, 1992
Jacqueline de Romilly, *Hector*, De Fallois, 1997
Jacqueline de Romilly, *« Patience mon cœur » : l'essor de la psychologie dans la tragédie grecque*, Plon Agora 1994
Carlo Rovelli, *Et si le temps n'existait pas*, Dunod, 2014
Carlo Rovelli, *L'Ordre du temps*, Flammarion, 2018
Philippe Sellier, *La Bible. Aux sources de la culture occidentale*, Editions Points, Sagesses, 2013
Alain Testart, *Art et religion de Chauvet à Lascaux*, NRF Gallimard, 2016
Trinh Xuan Thuan, *Le Chaos et l'harmonie*, Fayard, 1998
Trinh Xuan Thuan, *La mélodie secrète*, Fayard, 1998
Trinh Xuan Thuan, *Dictionnaire amoureux du Ciel et des Étoiles*, Plon Fayard, 2009
Trinh Xuan Thuan, *La plénitude du vide*, Albin Michel, 2016
Jean-Pierre Vernant, *L'Univers, les dieux, les hommes*, Le Seuil, 1999
Heinrich Wölfflin, *Principes fondamentaux de l'histoire de l'art*, Éditions Gérard Montfort, 1994

Mise en page et illustrations : Laurent Gourdien
Extraits d'images : ArtColibris, Alexander Babich, Betacam-SP, chempina, Ann Doronina, Jolygon, lynea, Marzolino, Morphart Creation, Nattie, Hein Nouwens, pio3, Ron and Joe / Shutterstock.

Merci à M. Jean-Pierre Quinio, ancien directeur général de la Compagnie générale des eaux, qui a bien voulu relire le texte et me faire part de ses observations toujours avisées, à notre ami Laurent Gourdien pour ses joyeuses illustrations et à mon épouse Charya qui m'a encouragé dans cette aventure.

Structures éditoriales du groupe L'Harmattan

L'Harmattan Italie
Via degli Artisti, 15
10124 Torino
harmattan.italia@gmail.com

L'Harmattan Hongrie
Kossuth l. u. 14-16.
1053 Budapest
harmattan@harmattan.hu

L'Harmattan Sénégal
10 VDN en face Mermoz
BP 45034 Dakar-Fann
senharmattan@gmail.com

L'Harmattan Cameroun
TSINGA/FECAFOOT
BP 11486 Yaoundé
inkoukam@gmail.com

L'Harmattan Burkina Faso
Achille Somé – tengnule@hotmail.fr

L'Harmattan Guinée
Almamya, rue KA 028 OKB Agency
BP 3470 Conakry
harmattanguinee@yahoo.fr

L'Harmattan RDC
185, avenue Nyangwe
Commune de Lingwala – Kinshasa
matangilamusadila@yahoo.fr

L'Harmattan Congo
67, boulevard Denis-Sassou-N'Guesso
BP 2874 Brazzaville
harmattan.congo@yahoo.fr

L'Harmattan Mali
Sirakoro-Meguetana V31
Bamako
syllaka@yahoo.fr

L'Harmattan Togo
Djidjole – Lomé
Maison Amela
face EPP BATOME
ddamela@aol.com

L'Harmattan Côte d'Ivoire
Résidence Karl – Cité des Arts
Abidjan-Cocody
03 BP 1588 Abidjan
espace_harmattan.ci@hotmail.fr

L'Harmattan Algérie
22, rue Moulay-Mohamed
31000 Oran
info2@harmattan-algerie.com

L'Harmattan Maroc
5, rue Ferrane-Kouicha, Talaâ-Elkbira
Chrableyine, Fès-Médine
30000 Fès
harmattan.maroc@gmail.com

Nos librairies en France

Librairie internationale
16, rue des Écoles – 75005 Paris
librairie.internationale@harmattan.fr
01 40 46 79 11
www.librairieharmattan.com

Lib. sciences humaines & histoire
21, rue des Écoles – 75005 Paris
librairie.sh@harmattan.fr
01 46 34 13 71
www.librairieharmattansh.com

Librairie l'Espace Harmattan
21 bis, rue des Écoles – 75005 Paris
librairie.espace@harmattan.fr
01 43 29 49 42

Lib. Méditerranée & Moyen-Orient
7, rue des Carmes – 75005 Paris
librairie.mediterranee@harmattan.fr
01 43 29 71 15

Librairie Le Lucernaire
53, rue Notre-Dame-des-Champs – 75006 Paris
librairie@lucernaire.fr
01 42 22 67 13

www.ingramcontent.com/pod-product-compliance
Lightning Source LLC
LaVergne TN
LVHW010431230826
846092LV00009BA/1127
9782343178530